铁路选线
数字化设计

Digital Design Methods of
Railway Location

蒋红斐 ◇ 著

中南大学出版社
www.csupress.com.cn
·长沙·

图书在版编目(CIP)数据

铁路选线数字化设计／蒋红斐著. —长沙：中南大学出版社，2022.4

ISBN 978-7-5487-4874-8

Ⅰ. ①铁… Ⅱ. ①蒋… Ⅲ. ①铁路选线－设计 Ⅳ. ①U212.32

中国版本图书馆 CIP 数据核字(2022)第 056294 号

铁路选线数字化设计
TIELU XUANXIAN SHUZIHUA SHEJI

蒋红斐　著

□出 版 人　吴湘华
□责任编辑　刘颖维
□封面设计　李芳丽
□责任印制　唐 曦
□出版发行　中南大学出版社
　　　　　　社址：长沙市麓山南路　　　邮编：410083
　　　　　　发行科电话：0731-88876770　　传真：0731-88710482
□印　　 装　长沙雅鑫印务有限公司

□开　　 本　710 mm×1000 mm 1/16　□印张 14.5　□字数 290 千字
□版　　 次　2022 年 4 月第 1 版　□印次 2022 年 4 月第 1 次印刷
□书　　 号　ISBN 978-7-5487-4874-8
□定　　 价　98.00 元

内容提要

Introduction

　　本书探讨了铁路选线数字化设计的关键问题，以大量实例深入浅出地阐述了铁路选线数字化设计的若干理论和实现方法。书中实例紧密结合铁路选线设计，并给出了相应的源程序，读者可根据需要直接使用。本书可供铁路(公路)线路设计人员及工程应用软件开发和使用人员参考，也可作为高等院校土木工程专业高年级学生教材或参考书。

前 言

Foreword

　　铁路线路由诸多大型构造物组成，长度可达数百甚至上千公里。它占地面积大、施工复杂、造价高、建成后不易改建。线路位置要谨慎确定，往往通过多方案比选得出，因此铁路选线设计的工作量巨大。此外，铁路选线设计中需要进行大量的数值计算及图表绘制，此项工作导致铁路设计人员耗费大量的时间和精力，从而影响设计速度及设计质量。随着计算机技术的发展，研究数字选线技术以改变选线设计方式和手段、采用计算机辅助路线设计工作，从而减轻铁路线路设计人员的工作量就显得尤为重要。目前，计算机数字选线技术方兴未艾，是实现设计智能化、自动化，提高工程设计的技术水平及劳动生产率的重要手段。在铁路勘察设计行业采用计算机数字选线技术可以将计算机强大的计算功能与工程技术人员的创造力有机地结合起来，是工程勘察设计的理想手段，而要真正将其转换为生产力，就必须开发出相应的铁路设计软件。由于铁路数字选线设计软件开发具有跨学科的特点，要求开发人员不仅要有良好的编程能力，而且要具有扎实的专业知识，具有一定的难度，需要进行深入研究。

　　笔者在长期开发铁路数字选线计算机辅助设计系统实践中，不可避免地遇到了很多难以解决的问题，深感开发铁路数字选线计算机辅助设计软件的艰辛，在解决这些问题的过程中付出了大量的劳动，也走了很多弯路。但通过不断学习、不断探索、不断完善，笔者积累了一些铁路数字选线计算机辅助设计方面的经验和资料，现整理出来介绍给读者，希望可以帮助读者开阔思路，少走弯路，加快编程速度，提高程序质量。

　　首先，数字地面模型是铁路选线设计的基础，由于地形的多样性，地形数字化是铁路选线数字化设计的难点所在。本书针对构建数字地面模型算法的现状及铁路选线设计的需要，介绍了离散点数字地面模型及三角网数字地面模型构建算法。在设计离散点数字地面模型算法时，考虑了地性线的引入并提出了一种利用离散点生成三角形来内插高程的算法，具有精度高及速度快的特点。三角网数字地面模型方面，介绍了插入、生长及分治算法的基本原理与方法，给出了构建步骤并对其性能进行了分析；并在此基础上介绍了在三角网中强行嵌入约束边的算法，即在将约束边嵌入到三角网中时，先找出该约束边的影响域的边界多边形，然后将要嵌入边的起始点及终止点相连，以嵌入边为界，将影响域所在的边界多边形分为两个多边形，再将这两个多边形离散为三角网。

其次，平面、纵断面、横断面设计是铁路选线 CAD 的重要环节。针对这些环节，本书首先介绍了设计线路中桩坐标计算方法及程序，设计方法能够适用于直—缓—圆—缓—直五段式线路的逐点坐标高精度计算工作；其次，给出了线路上任意点高程计算方法；最后介绍了横断面设计的原理及方法。

最后，将地形三维模型与线路三维模型拼合形成铁路线路三维景观模型是实现三维数字化设计的关键所在，且拼合的关键在于屏蔽线路区域内的地面，为此，本书介绍了一种屏蔽地面的分治算法。该方法首先利用 DEM 数据生成一个规则的四边形网格，找出路基所在的区域，将该区域离散到格中。如果离散出的路基区域正好覆盖某一格，则删除该格；否则利用该格的四个顶点生成两个规则的三角形，找出该格中路基区域边界与三角形各边的交点，并将这些点与边界顶点投入到既有三角网中构建新的三角网，删除位于边界内的三角形就达到了屏蔽地面的目的。

本书始终遵循理论与实践相结合的原则，充分考虑程序的效率及稳定性，特别强调程序的实用性，读者在使用这些程序时，既可将作者提供的源程序看成"黑箱"来使用，也可通过仔细阅读算法及源程序，在充分了解算法及程序的基础上再对源程序进行重新组合、修改、扩充，以满足读者的特殊需要。

虽然笔者在撰写本书时小心翼翼，精益求精，但错误在所难免，在此恳请读者批评指正，不吝赐教。

作者
2022 年 2 月

目　录

Contents

第1章　数字化设计基础 ……………………………………………… 1

1.1　设计数据 ……………………………………………………… 1

1.2　基础函数 ……………………………………………………… 10

第2章　地形数字化 …………………………………………………… 20

2.1　离散点数字地面模型 ………………………………………… 20

2.1.1　离散点数字地面模型的构建 …………………………… 20

2.1.2　内插方法 ………………………………………………… 24

2.2　离散点三角网数字地面模型 ………………………………… 30

2.2.1　Delaunay 三角网的定义及其特性 ……………………… 30

2.2.2　Delaunay 三角网生成算法 ……………………………… 31

2.2.3　约束 Delaunay 三角网的构建 ………………………… 39

2.2.4　三角网搜索 ……………………………………………… 43

第3章　平面数字化设计 ……………………………………………… 44

3.1　JD_i 与 JD_j 连线的方位角计算 ……………………………… 44

3.2　曲线转向及转向角计算 ……………………………………… 45

3.3　切线及曲线长度计算 ………………………………………… 46

3.4　夹直线上任一点坐标及方位角计算 ………………………… 47

3.5　圆弧上任一点坐标及方位角计算 ······················· 48

3.6　局部坐标系下缓和曲线上任一点坐标及方位角计算 ·········· 49

3.7　局部坐标系下的坐标变换为大地坐标系下的坐标 ············ 50

3.8　曲线主点计算 ······································ 51

3.9　里程转坐标 ······································· 55

3.10　坐标转里程 ····································· 57

3.11　线路平面相交计算 ································ 62

3.12　邻线交点坐标计算 ································ 65

3.13　线间距计算 ····································· 67

3.14　线路平面合理性检查 ······························ 77

3.15　单线铁路平面图绘制 ······························ 79

第 4 章　纵断面数字化设计 ···························· 96

4.1　判断竖曲线类型 ···································· 96

4.2　计算竖曲线要素 ···································· 97

4.3　计算直线坡段上任一里程处的高程 ······················· 98

4.4　计算竖曲线上任一里程处的高程 ······················· 99

4.5　纵断面分段 ······································· 99

4.6　任一里程处路肩高程计算 ····························· 101

4.7　最大坡度折减 ····································· 103

4.8　线路纵断面合理性检查 ······························ 114

4.9　单线铁路纵断面图绘制 ······························ 119

第 5 章　横断面数字化设计 ···························· 146

5.1　获取横断面地面线高程 ······························ 146

5.2　横断面设计 ······································· 147

5.3　横断面填挖面积计算 ································ 168

5.4　横断面图绘制 ····································· 176

5.5　挡土墙设计 ······································· 207

第 6 章　数字景观模型 ……………………………………………… 212

　6.1　三维模型的表示方法 …………………………………………… 212

　　6.1.1　概述 …………………………………………………………… 212

　　6.1.2　三维模型的表示方法 ……………………………………… 213

　　6.1.3　图形环境 …………………………………………………… 215

　6.2　地形和线路整体三维模型的建立 ……………………………… 216

　　6.2.1　实体模型构建 ……………………………………………… 216

　　6.2.2　地形和线路整体三维模型的建立 ………………………… 218

　　6.2.3　线路的三维景观透视与动画 ……………………………… 220

参考文献 ……………………………………………………………… 222

第 1 章

数字化设计基础

　　铁路线路数字化设计必须有相应的设计平台,这个平台可以自己开发,也可以使用现有的各种通用软件。但自己开发平台工作量巨大,难于实现;且铁路线路设计的最后成果是设计图,故大都采用 AutoCAD 绘图软件作为设计平台;开发语言可采用 C 语言、Visual Basic 语言、Visual LISP 语言,其中 C 语言功能最为强大,使用较多。基于此,下面的阐述以 AutoCAD 为图形平台,开发语言采用 C 语言。

1.1　设计数据

1. 设计基本数据

　　设计基本数据包括线路名称、设计区段、设计阶段、设计速度、铁路等级、正线数目、最大坡度、最小曲线半径、牵引种类、机车类型、到发线有效长、闭塞类型、最大坡度代数差、最短坡长、起始里程及列车长度。

```
void READBASICDATA(char * RailwayName,/* 线路名称* /
                   char * DesignSegment,/* 设计区段* /
                   char * DesignStage,/* 设计阶段* /
                   double &DesignSpeed,/* 设计速度* /
                   int &iRailwayGrade,/* 铁路等级* /
                   char * TrackNum,/* 正线数目* /
                   double &SlopeMax,/* 最大坡度* /
                   double &RadiusMin,/* 最小曲线半径* /
                   char * TractionKind,/* 牵引种类* /
                   char * Locomotive,/* 机车类型* /
                   double &TrackValidLen,/* 到发线有效长* /
```

1

```
                    char * Signal, /* 闭塞类型* /
                    double &SLOPEdifferencemax, /* 最大坡度代数差* /
                    double &SLOPElenmin, /* 最短坡长* /
                    double &start_ml/* 起始里程* /
                    double &TrainLen/* 列车长度* /
                    )
{
    FILE * f;
    char str[100],tmp[100];

    f = fopen("BasicData.txt","r");
    if(f = = NULL) return;

    fscanf(f,"% s", RailwayName);
    fscanf(f,"% s",DesignSegment);
    fscanf(f,"% s",DesignStage);
    fscanf(f,"% lf",&DesignSpeed);
    fscanf(f,"% d",&iRailwayGrade);
    fscanf(f,"% s",TrackNum);
    fscanf(f,"% lf",&SlopeMax);
    fscanf(f,"% lf",&RadiusMin);
    fscanf(f,"% s",TractionKind);
    fscanf(f,"% s",Locomotive);
    fscanf(f,"% lf",&TrackValidLen);
    fscanf(f,"% s",Signal);
    scanf(f, "% lf",&SLOPEdifferencemax) ;
    fscanf(f, "% lf", &SLOPElenmin) ;
    fscanf(f,"% s",str);
    split_sml(str,&start_ml,ml_cap);
    scanf(f,"% lf",&TrainLen);
    fclose(f);
}

void GetStrRailwayGrade(int iRailwayGrade,char * sRailwayGrade)
{
    if(iRailwayGrade = = 1)
        strcpy(sRailwayGrade," I 级");
    else if(iRailwayGrade = = 2)
```

```
        strcpy(sRailwayGrade,"Ⅱ级");
    else if(iRailwayGrade = = 3)
        strcpy(sRailwayGrade,"Ⅲ级");
    else if(iRailwayGrade = = 4)
        strcpy(sRailwayGrade,"Ⅳ级");
}
```

2. 平面设计数据

铁路线路平面由直线和曲线组成，曲线形式有单个圆曲线及两侧为对称缓和曲线、中间为圆曲线两种。由于其构造较为简单，因此一般采用交点法对其进行描述，如表 1-1 所示，其中 x 坐标为东方向坐标，y 坐标为北方向坐标。

表 1-1　铁路平面交点数据

交点	x 坐标	y 坐标	曲线半径	缓和曲线长
JD_1	x_1	y_1	0	0
JD_2	x_2	y_2	R_2	l_2
…	…	…	…	…
JD_{n-1}	x_{n-1}	y_{n-1}	R_{n-1}	l_{n-1}
JD_n	x_n	y_n	0	0

```
void ReadJDData(int &JDn, char (* JDname)[MAXJDNAME],double * JDx,double * JDy,
                double * JDr,double * JDlo)
{
    int i;
    FILE * f;
    //读交点数据
    f = fopen("JD.txt","r");
    if(f = = NULL)
    {
        printf("错误：JD 文件打不开!");
        return;
    }
    fscanf(f,"% d",&JDn);
    for(i = 0; i<JDn; i++)
    {
        fscanf(f,"% s% lf% lf% lf% lf", JDname[i],&JDx[i],&JDy[i],&JDr[i],&JDlo[i]);
    }
```

```
    fclose(f);
}
```

3. 纵断面设计数据

受到地势高低起伏等自然因素的影响，同时顾及经济效益要求，铁路线路纵断面是由若干长度不同、陡缓各异的坡段组成的。如坡度代数差较大，当相邻坡段坡度差超过一定限差时，为保证行车安全、舒适及视距要求则在变坡点处设置竖曲线平顺性过渡，且规定Ⅰ、Ⅱ级铁路相邻坡段的坡度差大于3‰，Ⅲ、Ⅳ级铁路相邻坡段的坡度差大于4‰时需在变坡点处设置竖曲线。因此铁路纵断面只包含直线和竖曲线两种线形。一般用变坡点里程、高程及竖曲线半径来描述纵断面设计线，如表1-2所示。另外，纵断面地面线是一条折线，用里程及高程两个量描述。

表1-2 纵断面变坡点数据

变坡点里程	变坡点高程	变坡点竖曲线半径
cml_1	h_1	R_{sh1}
…	…	…
cml_{n-1}	h_{n-1}	R_{shn-1}
cml_n	h_n	R_{shn}

```
void readslopedata(int &SlopeNum, double * SlopeCml, double * SlopeH, double * SlopeR)
{
    int i;
    FILE * f;
    char str[36];

    SlopeNum = 0;
    f = fopen("SLOPE.txt", "r");
    if(f = = NULL) return;

    fscanf(f, "% d", &SlopeNum);
    for(i = 0; i<SlopeNum; i++)
    {
        fscanf(f, "% s", str);
        SlopeCml[i] = smltocml(str);
        fscanf(f, "% lf", &SlopeH[i]);
        fscanf(f, "% lf", &SlopeR[i]);
```

```
    }
    fclose(f);
}
void ReadProfileGroundlinedata(int &pGroundPointNum,double * pGroundPointCml,
                        double * pGroundPointH)
{
    int i;
    FILE * f;
    char str[36];

    pGroundPointNum = 0;
    f = fopen("ProfileGroundline.txt","r");
    if(f = = NULL) return;
    fscanf(f,"% d",&pGroundPointNum);
    for(i = 0;i<pGroundPointNum; i++)
    {
        fscanf(f,"% s",str);
        fpGroundPointCml[i] = smltocml(str);
        fscanf(f,"% lf",&pGroundPointH[i]);
    }
    fclose(f);
    return;
}
```

4. 桥梁数据

铁路线路设计中应根据河流位置或填挖高度确定桥梁位置并满足其对线路的要求，因此线路设计所需的桥梁数据包括桥梁起终点里程及桥梁名称。

```
void ReadBri(int &BRIn,double * BRIsml,double * BRIeml,char (* BRIname)[30])
{
    int i;
    FILE * f;
    char sstr[36],estr[36];

    BRIn = 0;
    f = fopen("Bri.txt","r");
    if(f = = NULL) return;

    fscanf(f,"% d",&BRIn);
```

```
        for(i = 0; i<BRln; i++)
        {
                fscanf(f,"% s",sstr);
                BRlsml[i] = smltocml(sstr);

                fscanf(f,"% s",estr);
                BRleml[i] = smltocml(estr);
                fscanf(f,"% s",BRlname[i]);
        }

        fclose(f);
        return;
}
```

5. 隧道数据

铁路线路设计中应根据填挖高度确定隧道位置并满足其对线路的要求,因此线路设计所需的隧道数据包括隧道起终点里程及名称。

```
void ReadTun(int &TUNn,double * TUNsml,double * TUNeml,char (* TUNname)[30])
{
        int i;
        FILE * f;
        char sstr[36],estr[36];

        TUNn = 0;
        f = fopen("TUN.txt","r");
        if(f = = NULL) return;

        fscanf(f,"% d",&TUNn);
        for(i = 0; i<TUNn; i++)
        {
                fscanf(f,"% s",sstr);
                TUNsml[i] = smltocml(sstr);
                fscanf(f,"% s",estr);
                TUNeml[i] = smltocml(estr);
                fscanf(f,"% s",TUNname[i]);
        }
        fclose(f);
        return;
}
```

6. 车站数据

铁路线路设计中应根据合理站间距离及地形条件确定车站位置，因此线路设计所需的车站数据包括车站中心里程、名称及类型。

```
void ReadSta(int &STAn,double * STAcml,char (* STAname)[30],char (* STAside)[30])
{
    int i;
    FILE * f;
    char str[36];

    STAn = 0;
    f = fopen("Sta.txt","r");
    if(f == NULL) return;

    fscanf(f,"% d",&STAn);
    for(i = 0; i<STAn; i++)
    {
        fscanf(f,"% s",str);
        STAcml[i] = smltocml(str);

        fscanf(f,"% s",STAname[i]);
        fscanf(f,"% s",STAside[i]);
    }
    fclose(f);
    return;
}
```

7. 横断面设计数据

横断面设计所需的数据包括地面线数据、路基设计高程数据、路基面宽度及路基边坡数据。

地面线数据记录线路横断面处法线与等高线交点，可通过实测或根据数字地面模型内插横断面上各点的高程获取。无论采用何种方式，横断面地面线都被视为一条折线，横断面地面线数据即为各折点的位置数据。其位置用坐标系确定，一般将坐标系的原点定在线路中心，中心法线方向为 x 轴，方向由左到右，如图 1-1 所示。

```
void ReadCrossGroundLine(int &CrossNum,double Cross_cml[300],
                int cGroundPointNum[300],double cGroundPointXY[300][20])
```

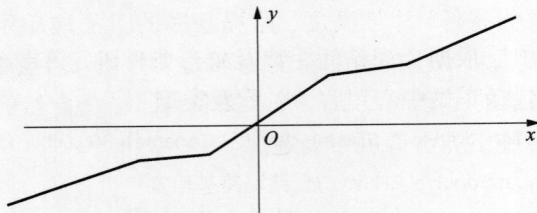

图 1-1　横断面地面线坐标系

```
{
    int i,j;
    FILE * f;
    char str[56];
    f = fopen("CrossGroundLine.txt","r");
    if(f = = NULL) return;

    fscanf(f,"% d",&CrossNum);
    for(i = 0; i<CrossNum; i++)
    {
        fscanf(f,"% s",str);
        Cross_cml[i] = smltocml(str);

        fscanf(f,"% d",&cGroundPointNum[i]);
        for(j = 0; j<cGroundPointNum[i]; j++)
        {
            fscanf(f,"% lf% lf",&cGroundPointXY[i][j* 2+0],&cGroundPointXY[i][j* 2+1]);
        }
    }
    fclose(f);
}
```

　　路基设计高程由纵断面设计确定，根据横断面里程及纵断面数据计算。

　　路基面宽度等于道床覆盖的宽度加上两侧路肩的宽度，应根据列车设计运行速度、远期采用的轨道类型、正线数目、线间距、曲线加宽、路肩宽度、接触网立柱位置等计算确定。在曲线地段，曲线外轨需要设置超高，外轨超高是借加厚外轨一侧下道砟的厚度来实现的。由于道砟加厚，道床坡脚外移，所以在曲线外侧的路基宽度亦应因超高的不同而相应加宽才能保证路肩所需的宽度，加宽的数值可根据超高计算确定。

　　路基边坡数据包括路堤边坡数据和路堑边坡数据。路堤边坡数据应根据填料的物理力学性质、气候条件、边坡高度、路堤基底的工程地质条件和水文地质条件等因素确定。路堑边坡数据应根据土的物理力学性质，岩层的产状、节理发育程度、风化程度，当地的工程地质条件和水文条件，结合自然的极限山坡和已成的人工边坡，并考虑施工方法等因素确定。

```c
void ReadFormationData(double &FillW,    /* 路堤路基面宽* /
                       double &FillH1,   /* 路堤一级边坡高* /
                       double &FillSlope1, /* 路堤一级边坡坡度* /
                       double &FillStageW, /* 路堤一、二级边坡间平台宽* /
                       double &FillH2,   /* 路堤二级边坡高* /
                       double &FillSlope2, /* 路堤二级边坡坡度* /
                       double &CutW,     /* 路堑路基面宽* /
                       double &CutStageW1, /* 路堑水沟碎落台宽* /
                       double &CutH1,    /* 路堑一级边坡高* /
                       double &CutSlope1, /* 路堑一级边坡坡度* /
                       double &CutStageW2, /* 路堑一、二级边坡间平台宽* /
                       double &CutH2,    /* 路堑二级边坡高* /
                       double &CutSlope2 /* 路堑二级边坡坡度* /
                       )
{
    FILE * f;
    char str[100];
    f = fopen("Formation.txt","r");
    if(f == NULL) return;
    fscanf(f,"% lf",&FillW);
    fscanf(f,"% lf",&FillH1);
    fscanf(f,"% lf",&FillSlope1);
    fscanf(f,"% lf",&FillStageW)
    fscanf(f,"% lf",&FillH2);
    fscanf(f,"% lf",&FillSlope2);
    fscanf(f,"% lf",&CutW);
    fscanf(f,"% lf",&CutStageW1);
    fscanf(f,"% lf",&CutH1);
    fscanf(f,"% lf",&CutSlope1);
    fscanf(f,"% lf",&CutStageW2);
    fscanf(f,"% lf",&CutH2);
    fscanf(f,"% lf",&CutSlope2);
    fclose(f);
}
```

1.2 基础函数

1. 现场里程转连续里程

铁路里程有现场里程及连续里程两种,它们都可以表示线路上某点的里程,从这个意义上说,这两种里程具有相同的效果。铁路现场里程由冠号、整公里数、加号及非整公里数组成,如"AK632+904.891"。其中:冠号有"AK""CK"及"DK",但都以字母"K"结束,预可行性阶段冠号用"AK",可行性研究阶段冠号用"CK",而"DK"一般用于初步设计及施工图设计;"+"号的作用是将现场里程分为整公里数与非整公里数两部分,便于阅读。线路上某点的连续里程是指该点到设计线路起点的长度。

由于含有字符,现场里程在程序中只能以字符串的形式储存,不能直接参加运算,线路计算机辅助设计中只采用连续里程进行设计,因此需要将现场里程转成连续里程。

连续里程除了与对应的现场里程有关,还与线路起点的现场里程及断链有关,这里暂不考虑断链,此时根据现场里程及线路起点的现场里程即可推出相应的连续里程,连续里程就是现场里程与起点现场里程之差。如线路起点现场里程为"AK600+500.000",现场里程为"AK619+90.178",则对应的连续里程为619090.178−600500.000=18590.178。

(1)字符位置函数

该函数找字符 c 在字符串 s 中的位置,并返回其在字符串中的序号,如果返回值为−1,表示找不到,即字符串中不包括该字符。

```
int instr(char * s,char c)
{
    int slen,i = 0,j = - 1;

    slen = (int)strlen(s);
    for(i = 0; i<slen; i++)
    {
        if(s[ i] = = c)
        {
            j = i;
            break;
        }
```

```
    }
    return j;
}
```

（2）获取字符串中指定字符函数

该函数返回从 nstart（从 0 开始，0 表示第 1 个字符）开始的 n 个字符，s 为源字符串，r 为目标字符串。

```
void mid(char * s,int nstart,int n,char * r)
{
    int length,i;
    if(n< = 0)
    {
        r[0] = ' \0' ;
        return;
    }

    length = (int)strlen(s);
    for(i = 0; i<n; i++)
    {
        r[i] = s[nstart+i];
    }
    r[n] = ' \0' ;
}
```

（3）获取字符串左侧指定字符函数

该函数返回字符串最左边的 n 个字符，s 为源字符串，t 为目标字符串。

```
void left(int n,char * s,char * t)
{
    int i;
    if(n< = 0)
    {
        t[0] = ' \0' ;
        return;
    }

    i = (int)strlen(s);
    if(i<n) n = i;
    for(i = 0; i<n; i++)
    {
        t[i] = s[i];
```

```
    }
    t[n] = ' \0' ;
}
```

（4）获取字符串右侧指定字符函数

该函数返回字符串最右边的 n 个字符，s 为源字符串，t 为目标字符串。

```
void right(int n,char * s,char * t)
{
    int i,len,j;
    if(n< = 0)
    {
        t[0] = ' \0' ;
        return;
    }

    len = (int)strlen(s);
    if(len<n) n = len;
    for(i = len- n,j = 0; i< = len- 1; i++ ,j++ )
    {
        t[j] = s[i];
    }
    t[n] = ' \0' ;
}
```

（5）获取现场里程冠号及里程函数

该函数返回现场里程 ckmlstr 的冠号及里程。现场里程的冠号既可以小写也可以大写，可以带加号也可以不带加号，如"AK632 + 904. 891"可以写成"AK632904. 891"。

```
void split_sml(char * ckmlstr,double * ml,char * ck)
{
    int length,str_len,lplus;
    char cml[20];

    strcpy(ck,"");
    length = instr(ckmlstr,' K' );

    if(length = = - 1) length = instr(ckmlstr,' K' );    //找不到就找大写的 K
    lplus = instr(ckmlstr,' +' );
    str_len = (int)strlen(ckmlstr);
```

```
        left(length+1,ckmlstr,ck);      //冠号长度为 length+1

        if(lplus = = - 1)//无加号
        {
            right(str_len- length- 1,ckmlstr,cml);
            * ml = atof(cml);
        }
        else //有加号
        {
            //取公里数
            mid(ckmlstr,length+1,lplus- 1- length,cml);
            * ml = atof(cml)* 1000.0;
            mid(ckmlstr,lplus+1,str_len- lplus- 1,cml);
            * ml = * ml+atof(cml);
        }
    }
```

（6）现场里程转连续里程函数

这里的 ml_start 是一个全局变量，为去掉冠号及加号后的起点现场里程。因为在线路设计中现场里程转连续里程函数使用频率高，如采用带冠号的起点现场里程，每次都要去掉冠号及加号，这样会影响计算速度。

使用该函数前，可以起始里程为参数，调用 split_sml 获取 ml_start 的值。

```
double smltocml(char str[ ])
{
    char ck[ 20];
    double tml, cml;

    split_sml (str, &tml, ck);
    cml = tml- ml_start;
    return(cml);
}
```

2. 连续里程转现场里程

现场里程等于连续里程与起点现场里程之和。如连续里程为"AK129+327.803"，起点现场里程为"AK600+500.000"，则对应的现场里程为 AK600+500.000+AK129+327.803＝AK729+827.803。

这里的 ml_cap 为全局变量，表示现场里程冠号。使用该函数前，可以起始里

程为参数，调用 split_sml 获取 ml_cap 的值

```
void cmltosml(double cml,char * akml)
{
    int km;
    double hund;
    char str[20];

    km  = (int)((ml_start+cml)/1000.0+0.000000001);
    hund = ml_start+cml- km* 1000.0;
    if(hund<0.0) hund=0.0;

    sprintf(akml, "% s% d+",ml_cap,km);

    if (hund < 9.99)
        sprintf(str,"00% 5.3f", hund);
    else if (hund < 99.99)
        sprintf(str,"0% 6.3f", hund);
    else
        sprintf(str,"% 7.3f", hund);
    strcat(akml,str);
}
```

3. 弧度转度分秒

程序中采用了强制类型转换，如 N1 = (int) C1，其目的是舍去 C1 值的小数部分，保留整数部分。程序中秒值只取整数，如要更精确的秒值，读者可将秒值不取整存入实数变量中。

```
void RadianToDms(double Radian,char * dms)
{
    char str[20];
    double C1, C2;
    int N1,N2,N3;

    C1 = fabs(Radian)* 180.0/PI;        //转化为度
    N1 = (int)(C1);                     //取整数度
    C2 = (double)(C1- N1)* 60.0;        //取整数度后的余数
    N2 = (int)(C2);                     //取整数分
    N3 = (int)((C2- N2)* 60.0);         //取秒
```

```
    if(Radian> = 0.0)
        sprintf(dms,"% d°",N1);
    else
        sprintf(dms,"- % d°",N1);

    if(N2<10)
        sprintf(str,"0% 1d\' ",N2);
    else
        sprintf(str,"% 2d\' ",N2);
    strcat(dms,str);
    if(N3<10)
        sprintf(str,"0% 1d\"",N3);
    else
        sprintf(str,"% 2d\"",N3);
    strcat(dms,str);
}
```

在线路平面图及纵断面图中，如曲线偏角为 12°53′07″，则应标注为 α—
12°53′07″，将偏角弧度值直接转化为标注格式的函数如下。

```
void RadianToAlfDms(double Radian,char * dms)
{
    char str[20];
    double C1,C2;
    int N1,N2,N3;

    C1 = fabs(Radian)* 180.0/PI;
    N1 = (int)(C1);
    C2 = (double)(C1- N1)* 60.0;
    N2 = (int)(C2);
    N3 = (int)((C2- N2)* 60.0);
    sprintf(dms,"α—% d°",N1);
    if(N2<10)
        sprintf(str,"0% 1d\' ",N2);
    else
        sprintf(str,"% 2d\' ",N2);
    strcat(dms,str);
    if(N3<10)
        sprintf(str,"0% 1d\"",N3);
    else
```

```
        sprintf(str,"% 2d\"",N3);
    strcat(dms,str);
}
```

4. 两点间的距离计算

设任意两点 p_i 与 p_j 的坐标分别为 (x_i, y_i) 及 (x_j, y_j)，则两点间的距离为：

$$d = \sqrt{(x_i - x_j)^2 + (y_i - y_j)^2}$$

当 $x_i - x_j$ 及 $y_i - y_j$ 的绝对值很小或很大时，采用上述方法要计算 $x_i - x_j$ 或 $y_i - y_j$ 的平方，因此可能会造成精度损失或数据溢出，此时可采用下面的方法进行计算。

（1）当 $fabs(x_i - x_j) \geqslant fabs(y_i - y_j)$ 时

$$d = \sqrt{(x_i - x_j)^2 + (y_i - y_j)^2} = fabs(x_i - x_j)\sqrt{1 + \frac{(y_i - y_j)^2}{(x_i - x_j)^2}}$$

（2）当 $fabs(x_i - x_j) \leqslant fabs(y_i - y_j)$ 时

$$d = \sqrt{(x_i - x_j)^2 + (y_i - y_j)^2} = fabs(y_i - y_j)\sqrt{1 + \frac{(x_i - x_j)^2}{(y_i - y_j)^2}}$$

由于 $x_i - x_j$ 及 $y_i - y_j$ 的绝对值很小或很大，因此 $\dfrac{(y_i - y_j)^2}{(x_i - x_j)^2}$ 或 $\dfrac{(x_i - x_j)^2}{(y_i - y_j)^2}$ 既不会很大也不会很小，故可避免因计算 $x_i - x_j$ 或 $y_i - y_j$ 的平方造成精度损失或数据溢出的情况发生。

```
double Distance(double xi,double yi,double xj,double yj)
{
    double d,div,dtx,dty,temp1,temp2,amin,amax;
    dtx = xi- xj;
    dty = yi- yj;
    temp1 = fabs(dtx);
    temp2 = fabs(dty);
    amin = __min(temp1,temp2);
    amax = __max(temp1,temp2);
    div = amin/amax;
    d = amax* sqrt(1.0+div* div);
    return d;
}
```

5. 过两点直线的一般式方程

如图 1-2 所示，已知平面上任意两点 $p_1(x_1, y_1)$、$p_2(x_2, y_2)$，可知直线 $p_1 p_2$

的方向向量为$(x_2-x_1,\ y_2-y_1)$，法向向量为$(y_1-y_2,\ x_2-x_1)$。

设所求直线方程为$ax+by+c=0$，有：$a=y_1-y_2$，$b=x_2-x_1$，$c=-(y_1-y_2)x_1-(x_2-x_1)y_1$。

故所求直线方程为：$(y_1-y_2)x+(x_2-x_1)y-(y_1-y_2)x_1-(x_2-x_1)y_1=0$。

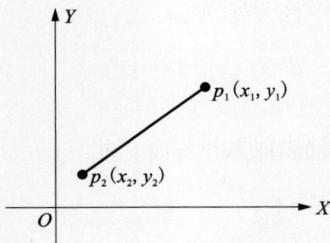

图 1-2　过两点的直线方程

```
void GetLineEquation(double x1,double y1,double x2,double y2,double &a,
                     double &b,double &c)
{
    a=y1-y2;
    b=x2-x1;
    c=-a* x1-b* y1;
}
```

6. 两条直线的交点

如图 1-3 所示，已知两条直线 L_1、L_2，求这两条直线的交点 p。

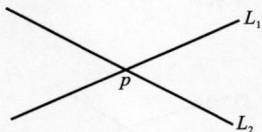

图 1-3　两条直线的交点

设两直线方程为：$a_1x+b_1y+c_1=0$ 及 $a_2x+b_2y+c_2=0$。

当 $a_1b_2-a_2b_1\neq0$ 时，两直线有唯一的交点 $\begin{cases} x=\dfrac{b_1c_2-b_2c_1}{a_1b_2-a_2b_1} \\ y=\dfrac{a_2c_1-a_1c_2}{a_1b_2-a_2b_1} \end{cases}$，否则两直线重合或

平行。

```
#define Accy 0.00001
int GetTwoLineIntersection(double a1,double b1,double c1,double a2,double b2,
                           double c2,double * x,double * y)
{
    double det,dinv;
    det = a1* b2- a2* b1;
    if(fabs(det)<Accy)
    {
        return 0;      //给定的两直线平行或重合
    }
    else
    {
        dinv = 1.0/det;
        * x = (b1* c2- b2* c1)* dinv;
        * y = (a2* c1- a1* c2)* dinv;
    }
    return 1;
}
```

7. 两直线段交点计算

如图 1-4 所示，已知第一条线段 L_1 的两个端点的坐标为 $p_1(x_1, y_1)$、$p_2(x_2, y_2)$，第二条线段 L_2 的两个端点的坐标为 $p_3(x_3, y_3)$、$p_4(x_4, y_4)$。要计算这两条直线段的交点，可先分别建立 p_1p_2 和 p_3p_4 的一般方程 $a_1x+b_1y+c_1=0$ 及 $a_2x+b_2y+c_2=0$，再求 L_1 和 L_2 的交点 (x, y)。若 $(x-x_1)(x_2-x) \geqslant 0$ 且 $(x-x_3)(x_4-x) \geqslant 0$，则当交点同时位于两线段内时为所求解，否则无解。

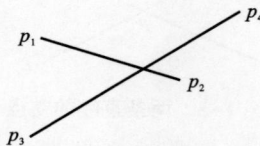

图 1-4　两直线段的交点

```
int GetTwoLineSegmentIntersection(double x1,double y1,double x2,double y2,double x3,
                                  double y3,double x4,double y4,double &x,double &y)
{
    int Flag;
```

```
double a1,b1,c1,a2,b2,c2;
GetLineEquation(x1,y1,x2,y2,a1,b1,c1);
GetLineEquation(x3,y3,x4,y4,a2,b2,c2);
Flag = GetTwoLineIntersection(a1,b1,c1,a2,b2,c2,&x,&y);
if(Flag = = 0) return 0;    //两直线平行或重叠,无交点
if((x- x1)* (x2- x)> = 0.0&&(x- x3)* (x4- x)> = 0.0)
    return 1;               //两线段有交点
else
    return 0;               //两直线有交点,但交点在线段外
}
```

8. 与已知直线相距为 d 的平行线

如图 1-5 所示, 已知直线 L: $ax+by+c=0$, 求与既有直线距离为 d($d<0$ 表示所求直线在既有直线的右侧, $d>0$ 表示所求直线在既有直线的左侧)的平行线。

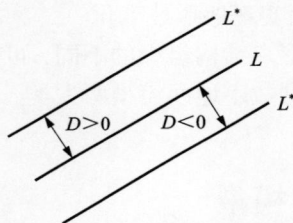

图 1-5　与已知直线相距为 d 的平行线

因为所求直线与给定的直线平行, 故所求直线与既有直线的法线方向向量相同。因此设所求直线方程为 $ax+by+c_1=0$, 则既有直线上任一点 $p(x_p, y_p)$ 到所求直线的有向距离为 $-d$, 即有 $\dfrac{ax_p+by_p+c_1}{\sqrt{a^2+b^2}} = \dfrac{(ax_p+by_p+c)-c+c_1}{\sqrt{a^2+b^2}} = \dfrac{-c+c_1}{\sqrt{a^2+b^2}} = -d$, 故有 $c_1 = c-d\sqrt{a^2+b^2}$。

```
void GetParallelLineEquation(double a,double b,double c,double d,double &a1,
                             double &b1,double &c1)
{
    a1 = a;
    b1 = b;
    c1 = c- d* sqrt(a* a+b* b);
}
```

第 2 章

地形数字化

地形数字化就是将地形转换成计算机可识别的图形数据的过程，这一过程是通过构建数字地面模型（DTM）来实现的。数字地面模型的核心是地形表面特征点的三维坐标数据和一套对地表提供连续描述的算法，数字地面模型数据可由计算机存储、分析和输出，从而实现地形数字化。

根据数字地面模型中地形点结构组织的不同，可将数字地面模型分为离散点数字地面模型及离散点三角网数字地面模型两大类。

2.1 离散点数字地面模型

2.1.1 离散点数字地面模型的构建

离散点数字地面模型就是用一个方格网来管理离散点数据，方便数据的进出，为后续计算服务。离散点数字地面模型的构建就是要记录每格中的离散点，有间接法和直接法两种构建方法。

1. 间接法

方格网中的格可按列或行进行排列，对一个 m 行 n 列的方格网，当其中的格按行排列时，格的编号为：

$$
\begin{array}{cccc}
g_{(m-1)n+1} & g_{(m-1)n+2} & \cdots & g_{mn} \\
\cdots & \cdots & \cdots & \cdots \\
g_{n+1} & g_{n+2} & \cdots & g_{2n} \\
g_1 & g_2 & \cdots & g_n
\end{array}
$$

当格按列排列时，格的编号为：

$$
\begin{array}{cccc}
g_m & g_{2m} & \cdots & g_{mn} \\
\cdots & & \cdots & \cdots \\
g_2 & g_{m+2} & \cdots & g_{m(n-1)+2} \\
g_1 & g_{m+1} & \cdots & g_{m(n-1)+1}
\end{array}
$$

使用间接法构建时要先对离散点进行排序，使得数据点的顺序与格的顺序一致，这样只要记住格中离散点的起终序号即可获取格中离散点数据。当格按行排列时，其生成离散点数字地面模型的基本步骤如下：

①以一定的边长生成一个覆盖整个离散点的方格网。

②将离散点按 Y 坐标值进行排序。

③确定方格网每行中最后一个离散点的序号。

④以行为单位，对落在行中的点按 X 坐标值进行排序，将排序后的点投入格中，记录每格中最后一个离散点的序号。

当格按列排列时，其步骤为：

①以一定的边长生成一个覆盖整个离散点的方格网。

②将离散点按 X 坐标值进行排序。

③确定方格网每列中最后一个离散点的序号。

④以列为单位，对落在列中的点按 Y 坐标值进行排序，将排序后的点投入格中，记录每格中最后一个离散点的序号。

综上所述，间接法的关键是对离散点进行排序，由于参加构建数模的离散点数目巨大，所以要求排序算法效率要高。此外，该算法最好还具有对某一部分离散点进行排序的功能。下面给出一个满足上述要求的算法。

```
void QuickSortPoints(int s,int e,int nPoints,double (* Points)[3])
{
    double p[3],key,hkey,lkey;
    int tlow,thigh,nseg,(* seg)[2],low,high;
    seg=new int[nPoints+10][2];

    nseg=1;
    seg[0][0]=s;
    seg[0][1]=e;

    for(; nseg>0; )
    {
        low  = seg[nseg-1][0];
        high = seg[nseg-1][1];
```

21

```
p[0] = Points[low][0];
p[1] = Points[low][1];
p[2] = Points[low][2];

key = calKey(Points, low);

for(; low<high; )
{
    hkey = calKey(Points, high);
    for(; low<high&&hkey>= key; )
    {
        - - high;
        hkey = calKey(Points, high);
    }

    lkey = calKey(Points, low);
    for(; low<high&&lkey<= key; )
    {
        ++low;
        lkey = calKey(Points, low);
    }

    if(low<high)
    {
        ExchangePoint(Points, low, high);
    }
    else
    {
        ExchangePoint(Points, seg[nseg-1][0], high);
    }
}
tlow  = seg[nseg-1][0];
thigh = seg[nseg-1][1];
nseg = nseg-1;

if(low-1>tlow)
{
```

```
            nseg++;
            seg[nseg-1][0]=tlow;
            seg[nseg-1][1]=low-1;
        }
        if(high+1<thigh)
        {
            nseg++;
            seg[nseg-1][0]=high+1;
            seg[nseg-1][1]=thigh;
        }
    }
}

void ExchangePoint(double (* Points)[3],int low,int high)
{
    double x,y,z;
    x=Points[low][0];
    y=Points[low][1];
    z=Points[low][2];

    Points[low][0]=Points[high][0];
    Points[low][1]=Points[high][1];
    Points[low][2]=Points[high][2];

    Points[high][0]=x;
    Points[high][1]=y;
    Points[high][2]=z;
}

double calKey(double (* Points)[3],int i)
{
    return Points[i][0];
}
```

2. 直接法

直接法无需对离散点进行排序，而是直接将离散点投入格中，每格用一个链表记录落在格中的点。

2.1.2 内插方法

离散点数字地面模型的构建比较简单,实现起来也比较容易。目前对离散点数字地面模型的研究主要集中在内插方法上。下面介绍几种利用离散点数字地面模型内插地面点高程的方法。

1. 移动曲面逐点内插法

这一方法是对每一待定点定义一个新的曲面函数,并以该点为圆心,选用一定半径范围内的地形点数据为依据进行曲面拟合,用多项式曲面逼近地形,多项式的系数用最小二乘法来确定,其方法是使相对于多项式表面的剩余高差 V 的平方和为最小。由于 V 的大小主要取决于多项式的次数,所以用多项式曲面逼近实际地形多项式次数太低时,多项式表面就不能充分逼近地面。但若次数太高,多项式表面就会摆动过大,从而增加控制点间地表特征的不定性,所以一般使用的是二次多项式和三次多项式两种曲面。

二次多项式曲面

$$Z = a_0 + a_1 x + a_2 y + a_3 xy + a_4 x^2 + a_5 y^2 \tag{2-1}$$

三次多项式曲面

$$Z = a_0 + a_1 x + a_2 y + a_3 xy + a_4 x^2 + a_5 y^2 + a_6 x^2 y + a_7 xy^2 + a_8 x^3 + a_9 y^3 \tag{2-2}$$

式中:a_0,a_1,$\cdots$,a_9——待定系数;

Z——任一地形点的高程。

在选用的半径范围内,二次曲面内插点应大于 6 个,三次曲面内插点应大于 10 个。如果点数不够,可将圆的半径扩大,直到满足要求为止。根据圆内的地形点数,可列出如下误差方程。

使用二次曲面拟合时:

$$V = \sum_{i=1}^{n} \frac{1}{d_i} (a_0 + a_1 x_i + a_2 y_i + a_3 x_i y_i + a_4 x_i^2 + a_5 y_i^2 - z_i)^2 \tag{2-3}$$

使用三次曲面拟合时:

$$V = \sum_{i=1}^{n} \frac{1}{d_i} (a_0 + a_1 x_i + a_2 y_i + a_3 x_i y_i + a_4 x_i^2 + a_5 y_i^2 + a_6 x_i^2 y_i + a_7 x_i y_i^2 + a_8 x_i^3 + a_9 y_i^3 - z_i)^2 \tag{2-4}$$

上两式加入了圆内各地形点的权 $1/d_i$,其中 d_i 为参加内插的第 i 个离散点至内插点(圆心)的距离,表示距圆心远近不同的各地形点对待定点高程所起的作用是不同的。

要求解 $\min V$,可先计算出 a_0,a_1,a_2,a_3,a_4,a_5,a_6,a_7,a_8,a_9 等待定系数。

二次曲面拟合时，曲面系数由下列方程组确定：

$$\begin{cases} \sum\limits_{i=1}^{n} \dfrac{2}{d_i}(a_0 + a_1 x_i + a_2 y_i + a_3 x_i y_i + a_4 x_i^2 + a_5 y_i^2 - z_i) = 0 \\[2mm] \sum\limits_{i=1}^{n} \dfrac{2x_i}{d_i}(a_0 + a_1 x_i + a_2 y_i + a_3 x_i y_i + a_4 x_i^2 + a_5 y_i^2 - z_i) = 0 \\[2mm] \sum\limits_{i=1}^{n} \dfrac{2y_i}{d_i}(a_0 + a_1 x_i + a_2 y_i + a_3 x_i y_i + a_4 x_i^2 + a_5 y_i^2 - z_i)^2 = 0 \\[2mm] \sum\limits_{i=1}^{n} \dfrac{2x_i y_i}{d_i}(a_0 + a_1 x_i + a_2 y_i + a_3 x_i y_i + a_4 x_i^2 + a_5 y_i^2 - z_i)^2 = 0 \\[2mm] \sum\limits_{i=1}^{n} \dfrac{2x_i^2}{d_i}(a_0 + a_1 x_i + a_2 y_i + a_3 x_i y_i + a_4 x_i^2 + a_5 y_i^2 - z_i)^2 = 0 \\[2mm] \sum\limits_{i=1}^{n} \dfrac{2y_i^2}{d_i}(a_0 + a_1 x_i + a_2 y_i + a_3 x_i y_i + a_4 x_i^2 + a_5 y_i^2 - z_i)^2 = 0 \end{cases} \tag{2-5}$$

2. 单三角形内插方法

单三角形内插方法就是利用插值点附近的离散点生成一个包含插值点在内的三角形，并利用此三角形内插插值点的高程。

（1）内插三角形的生成

在内插插值点的高程时，离散点离内插点越近，则对插值点高程的影响越大，因而最理想的情况是生成一个三角形，让这个三角形的三个顶点距内插点最近。基于这种想法，在形成内插三角形时先选取距插值点最近的两个点，再按某一种方法找出第三个点，使这三点构成的三角形包含插值点，然后利用该三角形作为内插三角形来内插插值点的高程。由于参加构建数模的离散点都是三维点，这里特别强调内插三角形的生成是针对在水平面上的投影而言的，即插值点落在某三个离散点在水平面上构成的三角形中。

为了方便阐述算法的基本原理，先给出锥的定义。

设 C 是 R^n 中的非空集，又设 $x \in C$，若 $\forall p \in R^n$，当 $x + p \in C$ 时必有 $x + tp \in C$，其中 $t \geqslant 0$，是任意实数，则把集合 C 称为以 x 为顶点的锥。若锥 C 是凸集，则称为凸锥。

显而易见，由向量 V_0，V_1，$\cdots$，V_m 组成的所有非负组合的集合是一个以 X_0 为顶点的凸锥，$C = \left\{ X \mid X = X_0 + \sum\limits_{i=0}^{m} r_i V_i, \ r_i \geqslant 0 \right\}$。

特别地，对二维空间而言，以 B 点为顶点的两个向量 BA、BC 所张成的凸锥是以 B 点为顶点的，且其值小于 $180°$ 的角 $\angle ABC$。

如图 2-1 所示，O 是插值点，A、B 是距插值点 O 最近的两点，现在要找出一点 P 使 $\triangle PAB$ 包含 O 点，并使 P 点尽量接近 O 点且 $\triangle PAB$ 的形状为最好。

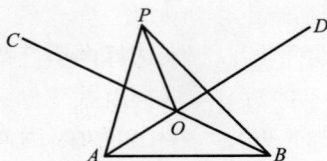

图 2-1   内插三角形的生成

为了找出点 P，可找出落在以 O 为顶点由向量 OC（即 $-OB$）及 OD（即 $-OA$）张成的凸锥 R 中的点，然后在这些点中找出任一点 P，则 $\triangle ABP$ 必定包含点 O。

下面证明：当 P 点且仅当 P 点落在凸锥 R 中时，$\triangle ABP$ 包含点 O。

由图 2-1 可得：

$$OP = r_1 AO + r_2 BO \qquad (2\text{-}6)$$

式中：r_1，r_2 为任意常数。

$$PB = -OP - BO \qquad (2\text{-}7)$$
$$PA = PO + OA = -OP - AO \qquad (2\text{-}8)$$

由上面三式得：

$$PO = (r_1 PA + r_2 PB)/(1 + r_1 + r_2) \qquad (2\text{-}9)$$
$$PA = PO + OA = (1 + r_1)OA + r_2 OB \qquad (2\text{-}10)$$
$$AB = OB - OA \qquad (2\text{-}11)$$

由式（2-10）及式（2-11）得：

$$AO = (AP + r_2 AB)/(1 + r_1 + r_2) \qquad (2\text{-}12)$$

当 P 点落在凸锥 R 中时，有 $r_1 \geqslant 0$ 且 $r_2 \geqslant 0$，所以有 $r_1/(1+r_1+r_2) \geqslant 0$ 及 $r_2/(1+r_1+r_2) \geqslant 0$。由式（2-9）及式（2-12）知点 O 既在以 P 为顶点、由向量 PA 及 PB 张成的凸锥中，又在以 A 为顶点、由向量 AP 及 AB 张成的凸锥中，故 $\triangle ABP$ 必包含点 O。

当 P 点不在凸锥 R 中时，则 r_1 及 r_2 至少有一个小于 0，故 $r_1/(1+r_1+r_2)$、$r_2/(1+r_1+r_2)$、$1/(1+r_1+r_2)$ 必不会同时大于 0。由式（2-9）及式（2-12）知点 O 不能同时既在以 P 为顶点、由向量 PA 及 PB 张成的凸锥中，又在以 A 为顶点、由向量 AP 及 AB 张成的凸锥中，故此时 $\triangle PAB$ 必不包含点 O。

由此有下列定理：

对于任意给定的不在同一直线上的三点 A、B、O，点 O 落在 $\triangle PAB$ 中的充分条件是 P 点在以 O 为顶点、由向量 AO 及 BO 张成的凸锥中。

实际上生成三角形时，首先找出离插值点 O 最近的两个点 A、B；其次以 O 为顶点，由向量 AO 及 BO 张成一个凸锥 R；其次在 O 点周围的点里找出点 P，使 P 点在凸锥 R 中，则 $\triangle PAB$ 即为所求的三角形，当符合条件的 P 点有多个时，可选取使 $\triangle PAB$ 的最小角最大的那个点作为内插三角形的第三个顶点，避免狭长三角形的产生。当然，也可以采用别的原则来选择内插三角形的第三个顶点。

显然，凸锥 R 中不一定有点存在，这样就找不到符合条件的点 P；但以其他两点为基边生成包含插值点的三角形有可能成功，因而必须考虑这种情况。

如果以 AB 为基边时找不到 P 点，此时显然以 O 为顶点、由向量 AO 及 BO 张成的凸锥 R 内无点，如图 2-2 所示，我们采用 O 点对基边所张的角来表示已搜索的范围，目前的搜索角 $\theta = \angle AOB$。由于不能形成符合要求的三角形，而 A 点又是距待定点 O 最近的点，所以此时应在以 O 为顶点、由向量 BO 及 OA 张成的凸锥中再取距 O 点最近的点 C，然后以 AC 为基边再找 P 点。如果点 C 或点 P 不存在，那么当点 C 不存在时，置 $\theta = \pi$；C 点存在而 P 点不存在时，置 $\theta = \theta + \angle AOC$。此时如果 $\theta < \pi$，再在以 O 为顶点、由向量 OB 及 CO 张成的凸锥中找一点距 O 最近的点 D，以 BD 为基边找点 P，如果点 D 或点 P 不存在，那么当点 D 不存在时，置 $\theta = \pi$，而当 P 点不存在时，置 $\theta = \theta + \angle BOD$。此时如果 $\theta < \pi$，那么重复上述步骤，直到找到点 P 或找不到作基边的点（$\theta \geqslant \pi$）为止。

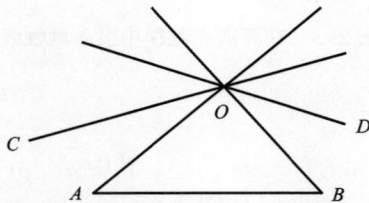

图 2-2 搜寻内插三角形的方法

（2）地性线的引入

按照前述方法，每次内插插值点的高程时都要先生成一个内插三角形，三角形是否能够密贴地面、真实反映出地表形状，将直接影响内插精度。由于在生成三角形时采用了最大最小角法则，因此能有效地杜绝狭长三角形的产生。对一般地形而言，三角网能密贴地面，真实反映出地形情况。但在各种断裂线及山谷线、山脊线附近，三角形将会跨越这些地性线，此时三角形不能密贴地面，而是悬浮在空中或穿入地下，从而使内插精度受到影响，那么如何处理这种情况呢？最有效的办法当然是在采点时引入地性线，使三角形只能在某条地性线的一边生成，不准其跨越任何一条地性线，这样就能保证其内插精度。

在引入地性线时，可用若干个有序的三维点形成的折线来表示山谷线、山脊线及其他地性线。为了在插值时能迅速找到与插值点相关的地性线，仍然采用格网对地性线进行管理，具体方法是记录每格中地性线的条数及坐标，为此必须将每条地性线离散到格网中，即如果地性线不只在某一格中，求出地性线与格边界的交点，并将交点及其落在格中的端点顺序存放在该格的有关数据变量中。

通过上述处理后，在高程内插时不仅可快速找出与插值点相关的离散点，还可以找出与插值点相关的地性线。如图 2-3 所示，在内插 O 点的高程时，此时有两条与 O 点相关的地性线。为防止生成的三角形跨越地性线，在构造内插三角形之前，按下述方法对参加构造内插三角形的离散点进行筛选。如果要防止生成的内插三角形跨越 AB，则以向量 OA、OB 张成一个凸锥，如果某离散点 P 在该凸锥内，且 O、P 分别位于线段 AB 的两侧，则该点不参加内插三角形的构造。用每条与插值点相关的地性线对离散点进行筛选后，即可防止生成的内插三角形跨越地性线。

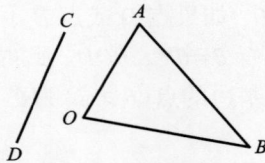

图 2-3　在离散点数模中引入地性线

（3）高程内插

设待插点 p 的三维坐标为 (px, py, pz)，其中 px、py 是已知的；p 点所在三角形三个顶点 p_1、p_2、p_3 的三维坐标分别为 (x_1, y_1, z_1)、(x_2, y_2, z_2)、(x_3, y_3, z_3)。如果 p_1、p_2、p_3 位于同一平面，则以三角形为底，以待插点 p 为顶点的四面体的体积为零，即

$$\begin{vmatrix} px & py & pz & 1 \\ x_1 & y_1 & z_1 & 1 \\ x_2 & y_2 & z_2 & 1 \\ x_3 & y_3 & z_3 & 1 \end{vmatrix} = 0 \tag{2-13}$$

由此可得出任意点 $p(px, py, pz)$ 的高程。

$$pz = \frac{-px\begin{vmatrix} y_1 & z_1 & 1 \\ y_2 & z_2 & 1 \\ y_3 & z_3 & 1 \end{vmatrix} + py\begin{vmatrix} x_1 & z_1 & 1 \\ x_2 & z_2 & 1 \\ x_3 & z_3 & 1 \end{vmatrix} + \begin{vmatrix} x_1 & y_1 & z_1 \\ x_2 & y_2 & z_2 \\ x_3 & y_3 & z_3 \end{vmatrix}}{\begin{vmatrix} x_1 & y_1 & 1 \\ x_2 & y_2 & 1 \\ x_3 & y_3 & 1 \end{vmatrix}} \qquad (2-14)$$

直接按行列式计算内插值不甚方便。事实上，上式是一个线性内插公式，故可按以下方式内插高程。如图 2-4 所示，A、B、C 三点构成 $\triangle ABC$，三点的高程分别为 Z_A、Z_B、Z_C，欲内插三角形内一点 D 的高程 Z_D，此时可延长 CD 交 AB 于 E，则 E 点的高程：

$$Z_E = \frac{AE \cdot Z_B + BE \cdot Z_A}{AB} \qquad (2-15)$$

D 点的高程：

$$Z_D = \frac{CD \cdot Z_E + ED \cdot Z_C}{CE} \qquad (2-16)$$

式中：AB、AE、BE、CD、ED、CE——各线段的水平投影长。

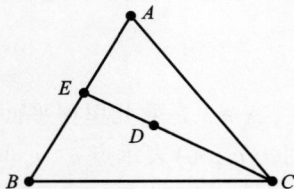

图 2-4　内插高程算法

```
double InterpolateHeightInTriangle(double px,double py,double x1,double y1,
                    double z1,double x2,double y2,double z2,
                    double x3,double y3,double z3)
{
    double h,a,b,c,a1,b1,c1,x,y,z,d,d1,d2;

    h=0.0;
    GetLineEquation(x3,y3,px,py,a,b,c);
    GetLineEquation(x1,y1,x2,y2,a1,b1,c1);
    GetTwoLineIntersection(a,b,c,a1,b1,c1,&x,&y);
```

```
d = Distance(x1,y1,x2,y2);
d1 = Distance(x1,y1,x,y);
d2 = Distance(x2,y2,x,y);
z = d2/d* z1+d1/d* z2;


d = Distance(x,y,x3,y3);
d1 = Distance(px,py,x,y);
d2 = Distance(px,py,x3,y3);
h = d2/d* z+d1/d* z3;
return h;
}
```

2.2   离散点三角网数字地面模型

2.2.1   Delaunay 三角网的定义及其特性

Delaunay 三角网是 Voronoi 图的对偶图，因此研究 Delaunay 三角网必须要从 Voronoi 图的研究着手。

Voronoi 图的定义如下：

假设 $V=\{v_1, v_2, \cdots, v_N\}$，$N \geqslant 3$ 是欧几里得平面上的一个点集，并且这些点不共线，任意四点不共圆。用 $d(v_i, v_j)$ 表示点 v_i、v_j 间的欧几里得距离，设 p 为平面上的点，则区域 $V_{(i)}=\{p \in E^2 \mid d(p, v_i) \leqslant d(p, v_j), j=1, 2, \cdots, N, j \neq I\}$ 称为 Voronoi 多边形。各点的 Voronoi 多边形共同组成 Voronoi 图，如图 2-5 所示。

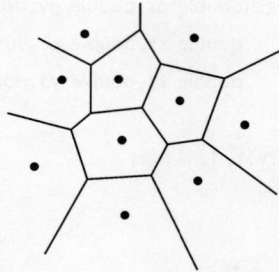

图 2-5   Voronoi 图

平面上的 Voronoi 图可以看作是点集 V 中的每个点作为生长核以相同的速率向外扩张，直到彼此相遇为止而在平面上形成的图形。除最外层的点形成开放的区域外，其余每个点都形成一个凸多边形。

Delaunay 三角网的定义：

有公共边的 Voronoi 多边形称为相邻的 Voronoi 多边形，连接所有相邻的 Voronoi 多边形的生长中心所形成的三角网称为 Delaunay 三角网，如图 2-6 所示。

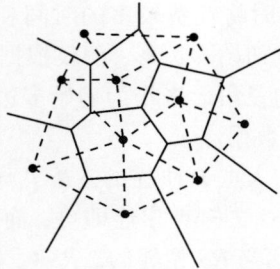

图 2-6　Voronoi 图的直线对偶图

Delaunay 三角网的外边界是一个凸多边形，它由点集 V 中的凸集形成，通常称为凸包。Delaunay 三角网具有两个非常重要的性质：

①空外接圆性质：在由点集 V 所形成的 Delaunay 三角网中，其中每个三角形的外接圆均不包含点集 V 中的其他任意点。

②最大的最小角度性质：在由点集 V 所能形成的三角网中，Delaunay 三角形中三角形的最小角度是最大的。

这两个性质决定了 Delaunay 三角网具有极大的应用价值。同时，Delaunay 三角网也是二维平面三角网中唯一的、最好的三角网。

标准的 Delaunay 三角剖分是指对给定点集的凸包进行剖分，即将 V 中的点用互不相交的直线段连接起来，使得域内的每一个区域都是三角形，且剖分所得的每个三角形都最大限度地接近正三角形。

2.2.2　Delaunay 三角网生成算法

历经二十余年的不懈努力，离散点三角网（TIN）的许多算法难关已被攻克。TIN 的生成算法中，最终有三种算法被普遍接受和采用。根据构建三角网实现过程的不同，可将生成 Delaunay 三角网的各种算法分为逐点插入法、三角网生长法及分治算法，这三种算法的基本原理如下。

1. 逐点插入法

逐点插入法的基本步骤如下。

（1）构建初始三角网

先定义一个包含所有数据点的初始多边形；然后在初始多边形中建立初始三角网。可在平面点集中求取一个包含所有点的多边形（通常是形成一个凸多边形，已有成熟算法），再将其剖分成三角网。由于参加构建数模的数据量通常都很大，所以在构建初始多边形时将耗费较多的时间和内存。基于这种情况，目前一般不采用原始数据点来生成初始多边形，而仅根据原始数据所在的大致区域生成一个包含所有原始数据点的三角形来作为初始多边形和初始三角形。

（2）在三角网中逐个插入数据点

首先在三角网中找出要加入点 P 所在的△RST，如图 2-7（a）所示，当点 P 落在△RST 中，则将 P 点与 R、S、T 三点相连即可；而当点 P 落在△RST 中的某一边上时（设该边为 RS），再找出与 RS 相邻的△RSW，连接 PT、PW 即可，如图 2-7（b）所示。

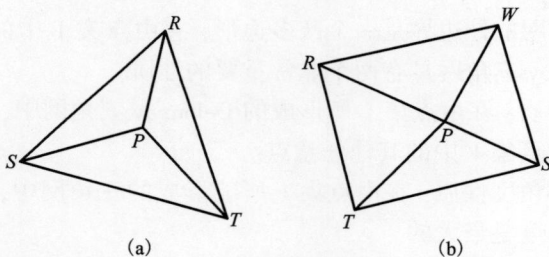

图 2-7　插入点与既有三角形重新构建三角网

如果给定点 P 在给定三角形内，则点 P 与 R 在 ST 的同侧、点 P 与 S 在 RT 的同侧、点 P 与 T 在 RS 的同侧，这就是判断给定点与三角形位置的准则。

```
int TriangleContainPoint(double x,double y,double x1,double y1,double x2,double y2,
                         double x3,double y3)
{
    int Flag,Flag1,Flag2,Flag3;
    double a,b,c,p,q,e;
    e = 1.0e- 6;
    GetLineEquation(x1,y1,x2,y2,a,b,c);
    p = DistanceFromPointToLine(x,y,a,b,c);
    q = DistanceFromPointToLine(x3,y3,a,b,c);
```

```
if(p* q>0.0)
    Flag1 = 1;
else if(fabs(p)<e)
    Flag1 = 0;
else
    Flag1 = - 1;

GetLineEquation(x2,y2,x3,y3,a,b,c);
p = DistanceFromPointToLine(x,y,a,b,c);
q = DistanceFromPointToLine(x1,y1,a,b,c);
if(p* q>0.0)
    Flag2 = 1;
else if(fabs(p)<e)
    Flag2 = 0;
else
    Flag2 = - 1;

GetLineEquation(x3,y3,x1,y1,a,b,c);
p = DistanceFromPointToLine(x,y,a,b,c);
q = DistanceFromPointToLine(x2,y2,a,b,c);
if(p* q>0.0)
    Flag3 = 1;
else if(fabs(p)<e)
    Flag3 = 0;
else
    Flag3 = - 1;

if(Flag1 = = 1&&Flag2 = = 1&&Flag3 = = 1)
    Flag = 1;
else if(Flag1> = 0&&Flag2> = 0&&Flag3> = 0)
    Flag = 0;
else
    Flag = - 1;
return Flag;
}
```

（3）用 LOP 算法优化三角网

如图 2-8 所示，设 AC 边是三角网中的一条内边，为 $\triangle ABC$ 和 $\triangle ADC$ 所共有，如果 $\triangle ABC$ 的外接圆内部包含 D 点，则 AC 边不是局部优化的，此时称这个三角形不具有空外接圆特性。当共有一条边的两个三角形不具备空外接圆特性时，通过交换对角线可以生成这四个点的另一种三角划分，这个过程称为用空外接圆特性进行对角线的交换，它使得新的对角线 *BD* 是局部优化的，故也称为局部优化操作。

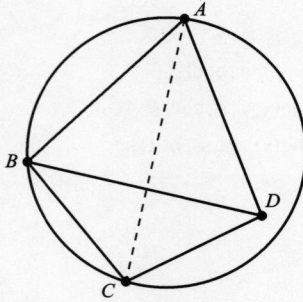

图 2-8　局部优化算法

```
int IsPointInTriangleCircumcircle(double x1,double y1,double x2,double y2,
                                  double x3,double y3,double x,double y)
{
    double v1,v2,r,v,xc,yc;
    double dx1,dx2,dy1,dy2,ix1,ix2,iy1,iy2;
    dx1 = x2- x1;
    dx2 = x3- x2;

    dy1 = y2- y1;
    dy2 = y3- y2;

    r= - 1;

    if(fabs(dx1* dy2- dx2* dy1)>1e- 8)
    {
        ix1 = x1+x2;
        ix2 = x2+x3;

        iy1 = y1+y2;
        iy2 = y2+y3;

        v1 = ix1* dx1+iy1* dy1;
```

```
            v2 = ix2*  dx2+dy2*  iy2；

            xc = (dy2*  v1- dy1*  v2)/(2.0*  (dx1*  dy2- dx2*  dy1))；
            yc = (dx2*  v1- dx1*  v2)/(2.0*  (dy1*  dx2- dy2*  dx1))；

            r = (x1- xc)*  (x1- xc)+(y1- yc)*  (y1- yc)；
            r = sqrt(r)；      //外接圆半径
            v = (x- xc)*  (x- xc)+(y- yc)*  (y- yc)；
            v = sqrt(v)；        //给定点到圆心的距离

            if(r- v>0.0000000001) return 1；//在外接圆中
        }
        return 0；
    }
```

从以上步骤可以看出，逐点插入法的思路非常简单：先在包含所有数据点的一个多边形中建立初始三角网，然后将余下的点逐一插入，并用 LOP 算法确保其成为 Delaunay 三角网。各种实现方法的差别在于其初始多边形的不同以及建立初始三角网方法的不同。

2. 三角网生长法

三角网生长法的基本步骤如下：
①以任一点为起始点。
②找出与起始点最近的数据点，将起始点与其相互连接成 Delaunay 三角形的一条边作为基边，根据 Delaunay 三角网空外接圆特性，找出与基线构成 Delaunay 三角形的第三点。
③基线的两个端点与第三点相连，成为新的基线。
④迭代以上两步直至所有基线都被处理。
如图 2-9 所示，以 A 点为起始点构建三角网，由于 B 点与其距离最近，因此以 AB 为起始基线，应用 Delaunay 三角网的判别法则找到点 C，形成 △ABC，再以 AC、BC 为新基边，重复上述过程，直到所有的离散点都加入到三角网中。
上述过程表明，三角网生长算法的思路是先找出点集中相距最短的两点连接成为一条 Delaunay 边，然后按 Delaunay 三角网的判别法则找出包含此边的 Delaunay 三角形的另一端点，依次处理所有新生成的边，直至最终完成。各种不同的实现方法多在搜寻"第三点"上做文章。

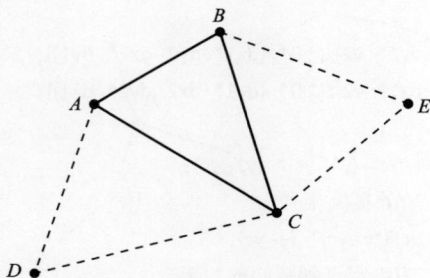

图 2-9　三角网的生长

3. 分治算法

Shamos 和 Hoey 提出了分治算法思想，并给出了一个生成 Voronoi 图的分治算法。Lewis 和 Robinson 将分治算法思想应用于 Delaunay 三角网的生成。

分治算法的基本步骤如下：

①把点集 V 以横坐标为主、纵坐标为辅按升序排序，然后递归地执行以下步骤。

②把点集 V 划分为近似相等的两个子集 V_L 和 V_R，若 V_L 或 V_R 中的点数为三，则在 V_L 或 V_R 中直接生成三角网。

③用 Lawson 提出的局部优化算法（LOP）优化所生成的三角网，使之成为 Delaunay 三角网。

④找出连接 V_L 和 V_R 中两个凸包的顶支撑线和底支撑线。

⑤由底支撑线至顶支撑线合并 V_L 和 V_R 中的两个三角网。

以上步骤表明，分治算法的基本思路是使问题简化，把点集划分得足够小，使其易于生成三角网，然后把子集中的三角网合并生成最终的三角网，并用 LOP 算法保证其成为 Delaunay 三角网。

下面介绍支撑线的生成、两个子三角网的合并及局部优化算法。

（1）支撑线的生成

在阐述支撑线的生成方法之前，先给出支撑线的概念。

定义 1：凸多边形 P 的一条支撑线是通过 P 的一个顶点的一条直线，且使得 P 的内部完全在该直线的一侧（类似于凸曲线的切线），该顶点称为支撑点。

定义 2：设 P、Q 是两个凸多边形，且一个不完全包含在另一个之中，则它们有相同的支撑线，称之为公共支撑线。

分治算法只需考虑两个分离凸包的支撑线。如图 2-10 所示的两个凸包 H_L

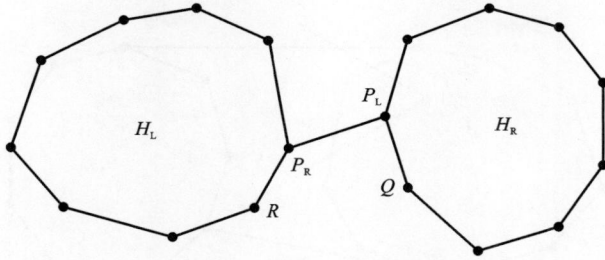

图 2-10   寻找支撑线

和 H_R，寻找它们最顶和最底的两条公共支撑线的算法如下：

在寻找连接 H_L 和 H_R 的底支撑线时，首先找出连接 H_L 中最右边的点 P_R 和 H_R 中最左边的点 P_L 的有向线段 P_LP_R，如果 H_R 上 P_L 的逆时针方向相邻的点 Q 位于 P_LP_R 的左侧，则用 Q 替换 P_L，直至 H_R 上的所有的点都在 P_LP_R 的右侧；接着考察 H_L，如果 H_L 上 P_R 的顺时针方向相邻的点 R 位于 P_LP_R 的左侧，则用 R 替换 P_R，此时如果 H_L 和 H_R 上所有的点都在 P_LP_R 的右侧，则 P_LP_R 就是所求的底支撑线，否则重复上述步骤，直至 H_L 和 H_R 上所有的点都在 P_LP_R 的右侧。按类似方法可找出顶支撑线。

（2）两个子三角网的合并及局部优化算法

两个子三角网的合并要解决的主要问题有两个：其一是要确定合并后新三角网的边界；其二是找出因合并而产生的新三角形，并记录这些三角形的邻接信息。

由于在子三角网合并以前已找出这两个三角网边界所围成凸包的两条公共支撑线，将这两条支撑线所夹的凸包边界删除，然后再将余下的边界顺序相连即可得到新三角网的边界。

在构建因合并而产生的新三角形时，先找出支撑线所夹的多边形边界与支撑线围成的多边形，然后将其离散为若干个三角形。其算法如下：

设两个子三角形的两条公共支撑线所夹凸包的边界为 B_L 和 B_R，从底支撑线开始，以底支撑线上的两个支撑点作为新生成三角形的两个顶点，底支撑线为底边，然后分别在 B_L 和 B_R 上取一与底线相邻的点，与底线构成三角形，其中外接圆半径较小的一个形状较好，将该三角形加入既有三角网中，将新生成的连接两个既有子三角网的边作为新的底边，重复上述步骤，直到底边上推到与顶支撑线重合，如图 2-11 所示。

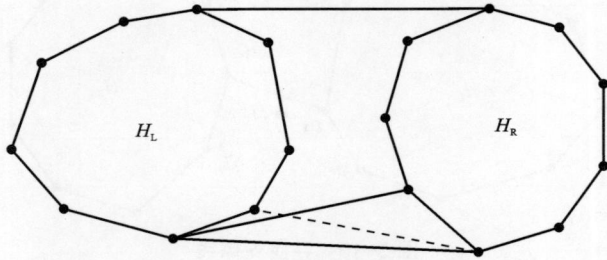

图 2-11　两个子三角网的合并

4. 算法性能分析

为比较算法性能，下面给出一张各种算法的时间复杂度对照表，如表 2-1 所示。

在上述三类算法中，三角网生长法目前较少采用，采用较多的是分治算法和逐点插入法。而后两类算法又各有其长处及短处。逐点插入法虽然实现较简单，占用内存较小，但它的时间复杂度差，运行速度慢。Shamos 和 Hoey 已证明在 N 个数据点中建立任何三角网其时间复杂度至少为 $O(NlgN)$。所以从时间复杂度方面看，分治算法最好，但其缺点也是显而易见的，主要表现在如下几个方面：

①需要占用较大的内存空间。其原因主要是分治算法需一次性读入所有参加构网的数据。

②由于在构建三角网前要对数据进行排序，故分治算法的预处理工作量较大。

③优化工作量较大。

由于分治算法的基本思路是使问题简化，把点集划分到足够小，使其易于生成三角网，然后把子集中的三角网合并生成最终的三角网。而子集是按横坐标（或纵坐标）来划分的，当子集已划分到足够小时，这时子集中点的横坐标相差不大，但是点的纵坐标有可能相差较大，尤其是当构网区域很大时，这种情况更容易发生。这时在子集中生成的三角形就可能很狭长，形状很差，要经过很多次优化才能形成 Delaunay 三角形，这样也使得计算工作量大增。

表 2-1　几种 Delaunay 三角网生成算法的时间复杂度

算　法	一般情况	最坏情况
Lawson（1977）[2]	$O(N^{\frac{4}{3}})$	$O(N^2)$
Gree 和 Sibson（1978）[3]	$O(N^{\frac{3}{2}})$	$O(N^2)$
Lewis 和 Robinson（1978）[1]	$O(NlgN)$	$O(N^2)$
Brassel 和 Reif（1979）[3]	$O(N^{\frac{3}{2}})$	$O(N^2)$
Macullagh 和 Ross（1980）[3]	$O(N^{\frac{3}{2}})$	$O(N^2)$
Lee 和 Schachlter（1980）[1]	$O(NlgN)$	$O(NlgN)$
Lee 和 Schachlter（1980）[2]	$O(N^{\frac{3}{2}})$	$O(N^2)$
Bowyer（1981）[2]	$O(N^{\frac{3}{2}})$	$O(N^2)$
Watson（1981）[2]	$O(N^{\frac{3}{2}})$	$O(N^2)$
Mirante 和 Weigarten（1982）[3]	$O(N^{\frac{3}{2}})$	$O(N^2)$
Sloan（1987）[2]	$O(N^{\frac{5}{4}})$	$O(N^2)$
Dwyer（1987）[1]	$O(NlgN)$	$O(NlgN)$
Chew（1989）[1]	$O(NlgN)$	$O(NlgN)$
Macedonio 和 Pareschi（1991）[2]	$O(N^{\frac{3}{2}})$	$O(N^2)$

上标说明：1. 分治算法；2. 逐点插入法；3. 三角网生长法。

2.2.3　约束 Delaunay 三角网的构建

在构建 Delaunay 三角网时虽然考虑了三角形的形状，但在各种地性线（断裂线及山脊线、山谷线）附近，采用 LOP 算法优化后的三角形形状仍然不能逼真地贴合地面，这是因为山谷线及山脊线是局部区域的极值线，而断裂线处地形的高程往往产生跳跃式的变化。显然，如果三角形跨越了地性线，那么三角形就可能会穿入地下或者会越过地面，这样的三角形就不能逼真地贴合地面，从而影响三角网数模的内插精度。如果要提高三角网数模的内插精度，一个较理想的办法就是把地性线作为三角形的边参加构网。由于把地性线作为三角形的边，故保证了生成的三角形不跨越地性线，使三角形最大限度地贴合地面。

在将地性线作为三角形的边进行构网时，通常采用折线来表示地性线。具体到三角网的构建，就是要将折线上的端点加入到三角网中并使这些点严格按照它们在折线上的顺序连接在一起。所以如果要在三角网中引入地性线，研究约束 Delaunay 三角网的构建是不可避免的。

1. 基本概念

定义 1：$T = \{t_{ijk} = \Delta(p_i p_j p_k) | p_i, p_j, p_k \in P\}$ 是域 $D(P, B)$ 的一个三角剖分。其中 $P = \{p_0, p_1, p_2, \cdots, p_{n-1}\}$ 是域中互不相重的 N 个点，$B = \{b_0, b_1, b_2, \cdots, b_h\}$ 是分布在域中的 H 条约束边，当其满足以下条件时，则称 T 为基于约束的 Delaunay 三角网：

①T 中的每一个三角形 t_{ijk} 除其三个顶点外，不含任何其他点。

②T 中的任意两个三角形互不重叠，至多有两个公共顶点或一条公共边。

③域 D 内的任意一点都包含在 T 的点集中。

④所有的约束边都包含在 T 的边集中。

其中④是为满足在三角网中引入地性线而增加的约束条件。

定义 2：给定区域 D，p_i、p_j 是点集中的任意两点，如果 p_i、p_j 不与约束边相交，则称 p_i、p_j 是理想的相互可见点。

定义 3：如果一个三角形的外接圆中不存在同时满足从三角形三个顶点都理想可见的结点，则称该三角形为 Delaunay 三角形，该准则称为约束圆准则。在如图 2-12 所示的情况下，△ABC 的外接圆为 K，K 中包含点 D，其中 A、C 为约束边上的两个顶点，此时 D、B 两点是不可见的，因此△ABC 的外接圆中不存在同时满足从三角形三个顶点都理想可见的结点，故△ABC 是 Delaunay 三角形。

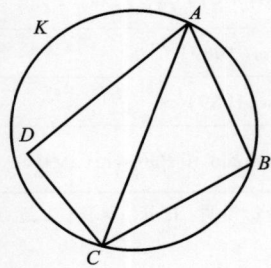

图 2-12　约束圆准则

定义 4：T 是基于约束的 Delaunay 三角网，T 中的每一个三角形都满足约束圆准则。

2. 约束 Delaunay 三角网的生成

约束 Delaunay 三角网的一种有效生成算法是先将约束边上的点与其他点一起进行标准 Delaunay 三角网的构建，然后强行嵌入不在三角网中的约束边。为了描述强行嵌入约束边的算法，首先引入影响域的概念。

将待嵌入约束边所经过的三角形构成的多边形区域称为影响域，其中与待嵌入约束边相交的边称为影响域的对角线。

在将约束边嵌入到三角网中时,先找出该约束边的影响域的边界多边形,如图 2−13 所示,然后将要嵌入边的起始点 S 及终止点 E 相连,以 SE 约束边为界,将影响域所在的边界多边形分为两个多边形,最后将这两个多边形离散为三角网即可。其步骤如下:

①计算出多边形上每个顶点的凹凸性。

②找出多边形上的凸结点 Q,将其与前后结点 P、R 组成三角形△PQR,注意△PQR 中不能包含多边形其他顶点。如这样的三角形有多个,选择最小角最大的最优三角形加入既有三角网中,并将其顶点从多边形边界中删除。

③若多边形的边界上还有三个以上的顶点,则转步骤②。

④多边形边界上的最后三个顶点(包括 S、E 两点)构成一个三角形,计算结束。

(1)多边形方向判定

计算多边形顶点的凹凸性,首先需确定多边形的方向。如果给定的多边形为凸多边形,则判断方法很简单,只需要取出顺序的三个点,如 A、B、C 三点,计算△ABC 的有向面积,得到的结果如果小于 0,则多边形的顶点是顺时针序,反之,则为逆时针序。

上述方法只适合凸多边形,若为凹多边形,则判断会出错。因为当选择的点为凹点的时候,结果刚好与上述相反。解决方法为选择多边形的凸点进行判断,选择该凸点的前一个和后一个点按上述方法判断,这样判断结果依然正确。为了简单,凸点的选择可以选取 X 或者 Y 值中最大或者最小的点,这个点必然是凸点。

就约束边影响域而言,约束边的起终点在影响域边界多边形上一定是凸顶点,因此可用约束边的起始点 S(终止点 E)及与其相邻的顶点来判定多边形的方向。

```
int GetDirection(double x1,double y1,double x2,double y2,double x3,double y3)
{
    int kind;
    double Value;
    Value = x1* (y2- y3)- x2* (y1- y3)+x3* (y1- y2);
    if(Value>0.0)
        kind = 1;//逆时针方向
    else
        kind = - 1;//顺时针方向
    return kind;
}
```

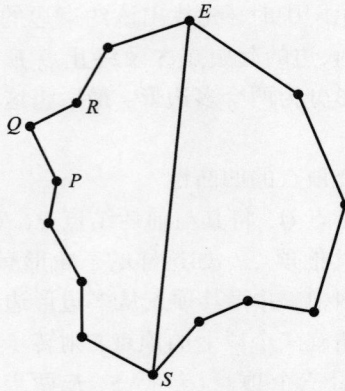

图 2-13　边界多边形

（2）多边形顶点的凹凸性判定

首先根据上述算法确定多边形的方向（direction），逆时针方向其值为 1，顺时针方向其值为-1。对于待测顶点 Q，设其前后相邻顶点分别为 P、R，计算 $\triangle PQR$ 的有向面积（area）。当 direction 与 area 同号时，顶点 Q 为凸顶点，否则为凹顶点。

（3）三角形最小角

为减少计算工作量，三角形最小角用其余弦值表示。

```
void CalTriMinAng(double x1,double y1,double x2,double y2,double x3,double y3,
            double &MinAng)
{
    double d1,d2,d3,alf1,alf2,alf3;

    d1 = (x3- x2)* (x3- x2)+(y3- y2)* (y3- y2);
    d2 = (x3- x1)* (x3- x1)+(y3- y1)* (y3- y1);
    d3 = (x2- x1)* (x2- x1)+(y2- y1)* (y2- y1);

    alf1 = 0.5* (d2+d3- d1)/sqrt(d2* d3);
    alf2 = 0.5* (d1+d3- d2)/sqrt(d1* d3);
    alf3 = 0.5* (d1+d2- d3)/sqrt(d1* d2);

    MinAng = alf1;
    if(alf2>MinAng) MinAng = alf2;
    if(alf3>MinAng) MinAng = alf3;
}
```

（4）三角形格网内插地面点高程

构成了随机三角形网络以后，就要用它们来内插地面点高程。内插时找出待插点所在的三角形，高程计算方法与前述单三角形内插高程算法一致。

2.2.4　三角网搜索

在逐点插入算法生成三角网、约束边嵌入三角网及高程内插时，需要确定点在三角网中的位置。由于三角网中三角形数量巨大，且三角形是无序的，因此实现三角网的快速搜索对三角网的构建及应用都具有重要意义。

现给定点 P，要确定 P 在三角网中的位置，假定搜索从△ABC 开始，其三个相邻的三角形序号分别为 i、j、k。

对△ABC 的搜索就是判断点 P 与△ABC 的关系。△ABC 及其邻接三角形如图 2-14 所示，若点 P 与点 C 在 AB 的一侧，点 P 与点 A 在 BC 的一侧，点 P 与点 B 在 CA 的一侧，表明点 P 在△ABC 中，搜索结束。

当点 P 不在△ABC 中，此时应继续进行搜索，拟搜索三角形选取原则如下：

①当点 P 与点 C 分别在 AB 的两侧，则搜索第 i 个三角形。

②当点 P 与点 A 分别在 BC 的两侧，则搜索第 j 个三角形。

③当点 P 与点 B 分别在 CA 的两侧，则搜索第 k 个三角形。

显然，按照上述规则，无论从哪个三角形开始搜索，都可以在有限步骤内找到点 P 所在的三角形，从而实现对点 P 的定位。

为了能够快速找出待定点所在的三角

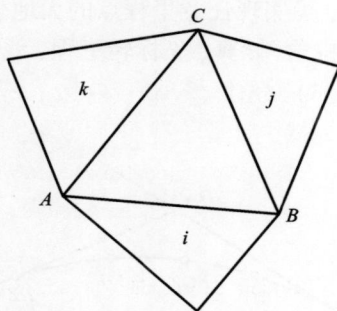

图 2-14　△ABC 及其邻接三角形

形，要求第一个搜索的三角形应尽量靠近待定点，这样可减少搜索的时间，此时可采用一个覆盖所有离散点的方格网来检索与待定点相关的三角形。具体做法是给方格网中每一个小方格一个索引三角形，如果某待定点落在小方格中，则用与该小方格对应的索引三角形作为第一个搜索的三角形，要求作为索引的三角形必须全部或部分落在其所对应的小方格中。

第 3 章
平面数字化设计

铁路线路平面由直线和曲线构成，曲线包括圆曲线及对称分布在圆曲线两侧的缓和曲线。从构造上来说，这种线形比较简单，数字化设计时通常采用交点法对其进行描述，即按顺序输入线路相邻切线的交点大地坐标以及该交点所对应的圆曲线半径及缓和曲线长，即可唯一确定线路平面位置，如图 3-1 所示。在此基础上，可实现任意里程点的大地坐标以及该里程点的线路方向（即该里程点的线路方位角）计算、坐标转里程、线间距计算，相交线路交点计算及平面图绘制等功能。

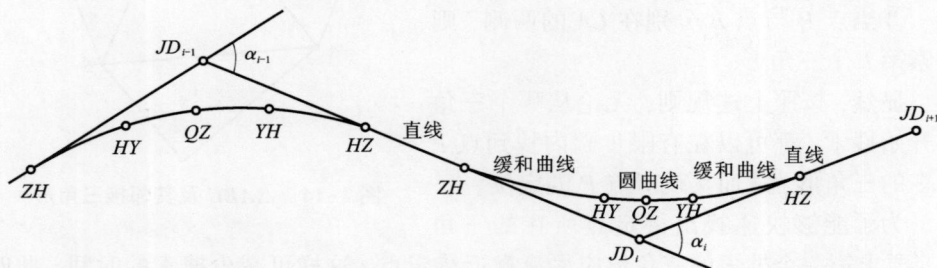

图 3-1   用交点坐标描述线路位置

3.1 JD_i 与 JD_j 连线的方位角计算

如图 3-2 所示，设交点 JD_i 与交点 JD_j 的连线方位角为 fwj，JD_i 的坐标为 (x_i, y_i)，JD_j 的坐标为 (x_j, y_j)。

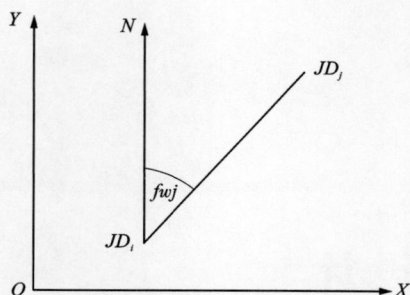

图 3-2　方位角计算

首先计算 $\theta = \arcsin\left(\dfrac{x_j - x_i}{\sqrt{(x_j - x_i)^2 + (y_j - y_i)^2}}\right)$。

如 fwj 位于第 I 或第 II 象限，即当 $y_j \geqslant y_i$ 时，则 $fwj = \theta$。

如 fwj 位于第 III 或第 IV 象限，即当 $y_j < y_i$ 时，则 $fwj = \pi - \theta$。

```
double Fwj(double xi, double yi, double xj, double yj)
{
    double angle, d, dtx, dty;
    dtx = xj- xi;
    dty = yj- yi;
    d = sqrt(dtx* dtx+dty* dty);
    angle = asin(dtx/d);
    if(dty<0) angle = PI- angle;
    return angle;
}
```

3.2　曲线转向及转向角计算

设 JD_i 与 JD_j 连线的方位角为 fwj_1，JD_j 与 JD_k 连线的方位角为 fwj_2，则 JD_j 处曲线转向角为 $zxj = fwj_2 - fwj_1$，且 $-\pi < zxj < \pi$，其值为负表示曲线左偏，其值为正表示曲线右偏，如图 3-3 所示。

```
void Zxj(double fwj1, double fwj2, int &lr, double &zxj)
{
    zxj = fwj2- fwj1;
    if (zxj > PI)
        zxj- = 2.0* PI;
```

```
else if ( zxj<- PI)
    zxj+ = 2.0* PI;
if(zxj<0.0)
    lr = - 1;        //左偏
else
    lr = 1;          //右偏
zxj = fabs(zxj);
}
```

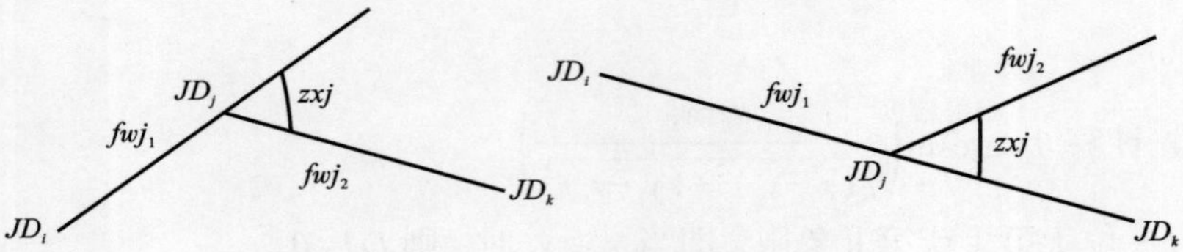

图 3-3　曲线转向及转向角

3.3　切线及曲线长度计算

如图 3-4 所示，设曲线的转向角为 alf，曲线半径为 R，曲线一侧缓和曲线长度为 l_0，曲线要素计算公式如下。

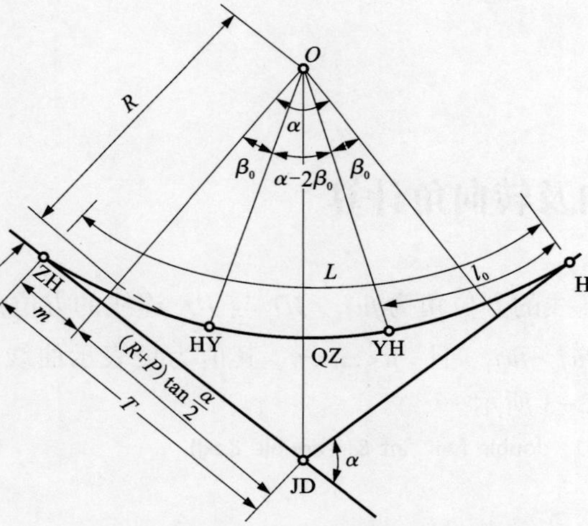

图 3-4　铁路线路平面曲线构造及要素

曲线内移量：$p = \dfrac{l_0^2}{R}\left(\dfrac{1}{24} - \dfrac{l_0^2}{2688R^2}\right)$。

曲线切垂距：$m = 0.5l_0 - \dfrac{l_0^3}{240R^2}$。

曲线切线长：$T = (p+R)\tan\left(\dfrac{alf}{2}\right) + m$。

曲线长：$L = alf * R + l_0$。

```
void CurveAndTangentLen(double alf, double R, double lo, double &L, double &T)
{
    double   m, p;
    p = lo* lo* (1.0/24.0- lo/2688.0/R/R)/R;
    m = lo* 0.5 - lo* lo* lo/240.0/R/R;
    T = (p+R)* tan(0.5* alf)+m;
    L = alf* R+lo;
}
```

3.4　夹直线上任一点坐标及方位角计算

如图 3-5 所示，设夹直线的起终点为 $P_1(x_1, y_1)$ 及 $P_2(x_2, y_2)$，计算点为 P，它到 P_1 及 P_2 的长度分别为 l_1 及 l_2。

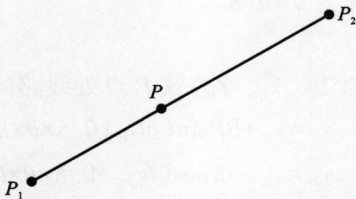

图 3-5　计算点位于夹直线上

$$x_P = (l_2 x_1 + l_1 x_2)/(l_1 + l_2)$$
$$y_P = (l_2 y_1 + l_1 y_2)/(l_1 + l_2)$$

计算点 P 处的方位角等于夹直线的方位角。

```
void XYofPointOnLine(double cml1, double x1, double y1, double cml2, double x2,
                     double y2, double cml, double &x, double &y)
{
```

```
    double l,l1,l2;
    l = cml2- cml1;
    l1 = cml- cml1;
    l2 = cml2- cml;

    x = (x1* l2+x2* l1)/l;
    y = (y1* l2+y2* l1)/l;
}
```

3.5　圆弧上任一点坐标及方位角计算

如图 3-6 所示，设圆弧曲线半径为 R，起点为 $B(x_B, y_B)$，B 点处的切线方位角为 fwj_B，曲线转向为 lr（右转为正，左转为负），线路圆弧上任意一点 P，圆弧 BP 的长度为 d。

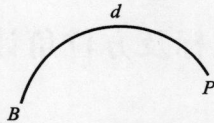

图 3-6　计算点位于圆弧上

圆弧 BP 对应的圆心角为 $\theta = d/R$。

弦长 $BP = 2R\sin(0.5\theta)$。

由此得出点 P 的大地坐标 (X_B, Y_B) 及 P 点处线路的方位角如下：

$$x_P = x_B + BP\sin(fwj_B + 0.5 \times \theta \times lr)$$

$$y_P = y_B + BP\cos(fwj_B + 0.5 \times \theta \times lr)$$

$$fwj_P = fwj_B + \theta \times lr$$

```
void XYofPointOnArc(int lr,double cmlb,double R,double xb,double yb,double fwjb,
                    double cml,double &x,double &y,double &fwj)
{
    double d,cita,bp,ang;
    d = cml- cmlb;
    cita = d/R;
    bp = 2.0* R* sin(0.5* cita);
```

```
    ang = fwjb+0.5*  lr*  cita;
    x = xb+bp*  sin(ang);
    y = yb+bp*  cos(ang);
    fwj = fwjb+lr*  cita;
}
```

3.6　局部坐标系下缓和曲线上任一点坐标及方位角计算

　　局部坐标系的设置如图 3-7 所示，其中 X 轴与曲线的切线重合，$ZH(HZ)$ 点为原点。设原点处里程为 cml_0，曲线转向为 lr（右转为正，左转为负）；局部坐标原点位置用 kind 表示，以 ZH 为原点时其值为 -1，以 HZ 为原点时其值为 1；缓和曲线终点半径为 R；缓和曲线长度为 l_0；局部坐标系 X 轴的方位角为 fwj_0。计算点 P 处里程为 cml。

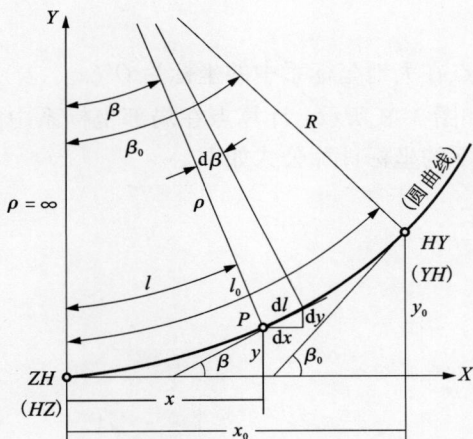

图 3-7　局部坐标系中的缓和曲线

　　计算点 P 至局部坐标系原点的距离 $l = |cml-cml_0|$，其在局部坐标系下的坐标为：

$$x = l\left(l-\frac{l^4}{40R^2l_0^2}+\frac{l^8}{3456R^4l_0^4}\right)$$

$$y = \frac{l^3}{6Rl_0}\left(1-\frac{l^4}{56R^2l_0^2}+\frac{l^8}{7040R^4l_0^4}\right)$$

　　计算点 P 处的缓和曲线角：$\beta = l^2/(2l_0R)$。

```
void XYAofPointOnTransitionCurve(double cmlo, int lr, int kind, double R, double lo,
                                 double fwjo, double cml, double &x, double &y,
                                 double &fwj)
{
    double l;
    l = fabs(cml- cmlo);
    x = l- pow(l,5)/40.0/pow(R,2)/pow(lo,2)+pow(l,9)/3456.0/pow(R,4)/pow(lo,4);
    y = pow(l,3)/6/R/lo- pow(l,7)/336.0/pow(R,3)/pow(lo,3)+pow(l,11)/42240.0/pow(R,5)
        /pow(lo,5);
    y = y* lr* kind;
    fwj = fwjo- 0.5* lr* kind* l* l/(lo* R);
    if(kind = = 1) fwj = fwj- PI;
}
```

3.7 局部坐标系下的坐标变换为大地坐标系下的坐标

设局部坐标系原点在大地坐标系中的坐标为 $O'(x_0, y_0)$，局部坐标系横坐标轴的方位角为 fwj_0，如图 3-8 所示，计算点在局部坐标系中的坐标为 $p(x_p, y_p)$，计算点在大地坐标系下的坐标计算公式如下。

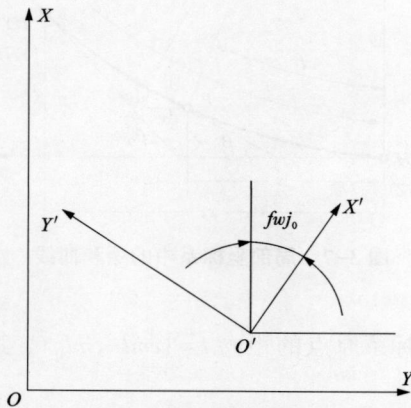

图 3-8 局部坐标系与大地坐标系关系

$$x = x_0 + x_p \sin fwj_o - y_p \cos fwj_0$$
$$y = y_0 + y_p \sin fwj_o + x_p \cos fwj_0$$

```
void CoordinateTransform(double xo,double yo,double fwjo,double xp,double yp,
                         double &x,double &y)
{
    x = xo+xp* sin(fwjo)- yp* cos(fwjo);
    y = yo+yp* sin(fwjo)+xp* cos(fwjo);
}
```

3.8　曲线主点计算

曲线主点计算就是根据交点坐标、曲线半径及缓和曲线长度计算直缓点、缓圆点、圆缓点及缓直点的里程、坐标及方位角等数据。

设曲线对应的交点为 JD_i，首先计算出 JD_{i-1} 与 JD_i 连线的角度及长度；其次计算出 JD_i 与 JD_{i+1} 连线的角度及长度，JD_i 对应曲线的转向角、偏转方向、切线长、曲线全长、圆曲线长度及夹直线的长度；最后推算出各主点的里程。

在此基础上即可计算 ZH 点与 HZ 点的坐标，再分别以这两点为原点建立局部坐标系计算 HY 点与 YH 点的局部坐标，通过坐标变换将其转换为大地坐标。

函数中 JDn、JDx、JDy、JDr、JDl_0 为输入数据，其余为输出数据。

```
void CalMainPoint(int iRailwayGrade,
                  int JDn,          /* 平面交点个数* /
                  double * JDx,      /* 平面交点 x 坐标* /
                  double * JDy,      /* 平面交点 y 坐标* /
                  double * JDr,      /* 曲线半径* /
                  double * JDlo,     /* 缓和曲线长度* /
                  double * JDFwj,    /* 相邻两交点连线方位角* /
                  double * JDZxj,    /* 曲线转向角* /
                  int     * JDdir,   /* 曲线偏转方向* /
                  double * zhml,     /* 直缓点里程* /
                  double * zhx,      /* 直缓点 x 坐标* /
                  double * zhy,      /* 直缓点 y 坐标* /
                  double * zhfwj,    /* 直缓点切线方位角* /
                  double * hyml,     /* 缓圆点里程* /
                  double * hyx,      /* 缓圆点 x 坐标* /
                  double * hyy,      /* 缓圆点 y 坐标* /
                  double * hyfwj,    /* 缓圆点切线方位角* /
                  double * yhml,     /* 圆缓点里程* /
                  double * yhx,      /* 圆缓点 x 坐标* /
```

51

```
                double * yhy,     /* 圆缓点 y 坐标* /
                double * yhfwj,   /* 圆缓点切线方位角* /
                double * hzml,    /* 缓直点里程* /
                double * hzx,     /* 缓直点 x 坐标* /
                double * hzy,     /* 缓直点 y 坐标* /
                double * hzfwj,   /* 缓直点切线方位角* /
                int     &ndtw,    /* 加宽数据个数* /
                double * dtw      /* 主点加宽数据* /
              )
  {
    int i,k;
    double d,l,x,y,R;
    double arclen,beta,p,T[100],Line[200];


    if(JDn<2)
    {
      printf("- - - - - - - - - - - - - - - - - - - - - - - - - - - - - - - - - - - - - - - - - - - - - - - - \n");
      printf("错误：线路交点数小于 2 个,无法进行设计! \n");
    }

    for(i = 0; i<JDn- 1; i++)
    {
      JDFwj[i] = Fwj(JDx[i],JDy[i],JDx[i+1],JDy[i+1]);     //计算交点连线的方位角
    }
    JDFwj[JDn- 1] = JDFwj[JDn- 2];

    for(i = 0; i<JDn- 2; i++)
    {
      JDZxj[i+1] = JDFwj[i+1]- JDFwj[i];     //计算曲线转角
      if(JDZxj[i+1]>PI) JDZxj[i+1] = JDZxj[i+1]- 2.0* PI;
      if(JDZxj[i+1]<- PI) JDZxj[i+1] = JDZxj[i+1]+2.0* PI;
    }

    //计算切线长(含缓和曲线)
    T[0] = 0.0;
    T[JDn- 1] = 0.0;
    zhml[0] = hyml[0] = yhml[0] = hzml[0] = 0.0;
```

```
hzx[ 0 ] = JDx[ 0 ] ;
hzy[ 0 ] = JDy[ 0 ] ;
JDdir[ 0 ] = 0 ;
hzfwj[ 0 ] = JDFwj[ 0 ] ;


k = 0 ;
dtw[ k* 2+0 ] = 0.0 ;    //里程
dtw[ k* 2+1 ] = 0.0 ;    //加宽


for(i = 1 ; i<JDn- 1 ; i++)
{
    if(JDZxj[ i ] >0.0)
        //右偏
        JDdir[ i ] = 1 ;
    else
        //左偏
        JDdir[ i ] = - 1 ;


    p = JDlo[ i ]* JDlo[ i ]/24.0/JDr[ i ] ;
    T[ i ] = (JDr[ i ]+p)* tan(fabs(JDZxj[ i ]* 0.5))+JDlo[ i ]/2.0 ;


    d = sqrt((JDx[ i ]- JDx[ i- 1 ])* (JDx[ i ]- JDx[ i- 1 ])+(JDy[ i ]- JDy[ i- 1 ])* (JDy[ i ]- JDy[ i- 1 ])) ;
    Line[ i- 1 ] = d- T[ i ]- T[ i- 1 ] ;     //夹直线长度


    zhml[ i ] = hzml[ i- 1 ]+Line[ i- 1 ] ;
    //计算直缓点
    zhx[ i ] = hzx[ i- 1 ]+Line[ i- 1 ]* sin(JDFwj[ i- 1 ]) ;
    zhy[ i ] = hzy[ i- 1 ]+Line[ i- 1 ]* cos(JDFwj[ i- 1 ]) ;
    zhfwj[ i ] = JDFwj[ i- 1 ] ;


    //计算缓圆点
    hyml[ i ] = zhml[ i ]+JDlo[ i ] ;
    R = JDr[ i ] ;
    l = JDlo[ i ] ;
    x = l- pow(l,3)/40.0/pow(R,2)+pow(l,5)/3456.0/pow(R,4) ;
    y = pow(l,2)/6/R- pow(l,4)/336.0/pow(R,3)+pow(l,6)/42240.0/pow(R,5) ;
    y = - JDdir[ i ]* y ;
    hyx[ i ] = zhx[ i ]+x* sin(zhfwj[ i ])- y* cos(zhfwj[ i ]) ;
```

```
hyy[i] = zhy[i]+y* sin(zhfwj[i])+x* cos(zhfwj[i]);
hyfwj[i] = zhfwj[i]+0.5* JDdir[i]* l/R;


//计算缓直点
beta = JDlo[i]/2.0/JDr[i];
arclen = (fabs(JDZxj[i])- beta* 2.0)* JDr[i];
hzml[i] = zhml[i]+fabs(JDZxj[i])* JDr[i]+JDlo[i];
hzx[i] = JDx[i]+T[i]* sin(JDFwj[i]);
hzy[i] = JDy[i]+T[i]* cos(JDFwj[i]);
hzfwj[i] = JDFwj[i];


//计算圆缓点
yhml[i] = hzml[i]- JDlo[i];
y = - y;
yhx[i] = hzx[i]+x* sin(hzfwj[i]+PI)- y* cos(hzfwj[i]+PI);
yhy[i] = hzy[i]+y* sin(hzfwj[i]+PI)+x* cos(hzfwj[i]+PI);
yhfwj[i] = hzfwj[i]- 0.5* JDdir[i]* l/R;


k++;
dtw[k* 2+0] = zhml[i];
dtw[k* 2+1] = 0.0;


k++;
dtw[k* 2+0] = hyml[i];
dtw[k* 2+1] = GetCurveWidening(iRailwayGrade,JDr[i])* JDdir[i];


k++;
dtw[k* 2+0] = yhml[i];
dtw[k* 2+1] = GetCurveWidening(iRailwayGrade,JDr[i])* JDdir[i];


k++;
dtw[k* 2+0] = hzml[i];
dtw[k* 2+1] = 0.0;
}
d = sqrt((JDx[JDn- 1]- JDx[JDn- 2])* (JDx[JDn- 1]- JDx[JDn- 2])
    +(JDy[JDn- 1]- JDy[JDn- 2])* (JDy[JDn- 1]- JDy[JDn- 2]));
Line[JDn- 2] = d- T[JDn- 1]- T[JDn- 2];
```

```
zhml[JDn-1] = hzml[JDn-2]+Line[JDn-2];
JDdir[JDn-1] = 0;
zhx[JDn-1] = JDx[JDn-1];
zhy[JDn-1] = JDy[JDn-1];
zhfwj[JDn-1] = JDFwj[JDn-1];

k++;
dtw[k*2+0] = zhml[JDn-1];
dtw[k*2+1] = 0.0;
ndtw = k+1;
return;
}
```

3.9　里程转坐标

里程转坐标就是要计算任一里程点处的坐标及方位角。其原理是根据主点里程将线路平面划分成直线段、圆曲线段及缓和曲线段，并在此基础上根据给定里程判断计算点所在的分段，然后再按分段类型进行坐标及方位角计算。

```
void cmltoxya(int JDn,/* 交点个数* /
        double * JDr,/* 曲线半径* /
        double * JDlo,/* 曲线缓和曲线长* /
        int * JDdir,/* 曲线偏转方向* /
        double * zhml,/* 直缓点里程* /
        double * zhx,/* 直缓点 x 坐标* /
        double * zhy,/* 直缓点 y 坐标* /
        double * zhfwj,/* 直缓点切线方位角* /
        double * hyml,/* 缓圆点里程* /
        double * hyx,/* 缓圆点 x 坐标* /
        double * hyy,/* 缓圆点 y 坐标* /
        double * hyfwj,/* 缓圆点切线方位角* /
        double * yhml,/* 圆缓点里程* /
        double * yhx,/* 圆缓点 x 坐标* /
        double * yhy,/* 圆缓点 y 坐标* /
        double * yhfwj,/* 圆缓点切线方位角* /
        double * hzml,/* 缓直点里程* /
        double * hzx,/* 缓直点 x 坐标* /
        double * hzy,/* 缓直点 y 坐标* /
```

55

```
            double *  hzfwj,/*  缓直点切线方位角* /
            double cml,/*  计算点里程* /
            double &x,/*  计算点 x 坐标* /
            double &y,/*  计算点 y 坐标* /
            double &fwj/*  计算点切线方位角* /
        )
{
    int i;
    double tx,ty;
    //计算点是否在第一段直线上
    if(cml> = hzml[0]&&cml< = zhml[1])
    {
        XYofPointOnLine(hzml[0],hzx[0],hzy[0],zhml[1],zhx[1],zhy[1],cml,x,y);
        fwj = hzfwj[0];
        return;
    }

    for(i = 1; i<JDn- 1; i++)
    {
        if(cml> = zhml[i]&&cml< = hyml[i])    //计算点在第一缓和曲线上
        {
            XYAofPointOnTransitionCurve(zhml[i],JDdir[i],- 1,
                                JDr[i],JDlo[i],zhfwj[i],cml,tx,ty,fwj);
            CoordinateTransform(zhx[i],zhy[i],zhfwj[i],tx,ty,x,y);
            break;
        }
        else if(cml> = hyml[i]&&cml< = yhml[i]) //计算点在圆弧上
        {
            XYofPointOnArc(JDdir[i],hyml[i],JDr[i],hyx[i],hyy[i],hyfwj[i],cml,x,y,fwj);
            break;
        }
        else if(cml> = yhml[i]&&cml< = hzml[i])//计算点在第二缓和曲线上
        {
            XYAofPointOnTransitionCurve(hzml[i],JDdir[i],1,JDr[i],
                                JDlo[i],hzfwj[i]+PI,cml,tx,ty,fwj);
            CoordinateTransform(hzx[i],hzy[i],hzfwj[i]+PI,tx,ty,x,y);
            break;
        }
```

```
else if(cml> = hzml[i]&&cml< = zhml[i+1]+0.01)//计算点在直线上
{
    XYofPointOnLine(hzml[i],hzx[i],hzy[i],zhml[i+1],zhx[i+1],zhy[i+1],cml,x,y);
    fwj = hzfwj[i];
    break;
}
}
}
```

3.10　坐标转里程

坐标转里程就是计算给定坐标在线路上投影点的里程。为减少计算工作量，提高计算速度，计算时先利用主点数据判定给定坐标在线路上的投影点所在的线元，再利用二分法计算投影里程。

直缓点、缓圆点、圆缓点与缓直点将线路分成直线、缓和曲线及圆曲线，设转换点为 P，A、B 是任意两相邻的主点，先计算出 A、B 的坐标及切线方位角，然后可求出过 A、B 的法线方程。如转换点 P 到 A、B 的法线的有向距离异号，则 P 在线路上的投影点落在该线元中。

```
double xytocml(int JDn,/* 交点数* /
            double * JDr,/* 曲线半径* /
            double * JDlo,/* 缓和曲线长* /
            int * JDdir,/* 曲线转向* /
            double * zhml,/* 直缓点里程* /
            double * zhx,/* 直缓点 x 坐标* /
            double * zhy,/* 直缓点 y 坐标* /
            double * zhfwj,/* 直缓点切线方位角* /
            double * hyml,/* 缓圆点里程* /
            double * hyx,/* 缓圆点 x 坐标* /
            double * hyy,/* 缓圆点 y 坐标* /
            double * hyfwj,/* 缓圆点切线方位角* /
            double * yhml,/* 圆缓点里程* /
            double * yhx,/* 圆缓点 x 坐标* /
            double * yhy,/* 圆缓点 y 坐标* /
            double * yhfwj,/* 圆缓点切线方位角* /
            double * hzml,/* 缓直点里程* /
            double * hzx,/* 缓直点 x 坐标* /
```

```
                    double * hzy,/* 缓直点 y 坐标* /
                    double * hzfwj,/* 缓直点切线方位角* /
                    double x,/* 计算点 x 坐标* /
                    double y/* 计算点 y 坐标* /
                    )
    {
        int i,Flag;
        double a,b,c,v,v1,v2,pml,px,py,pfwj,sml,sfwj,eml,efwj;

        Flag = 0;
        //计算点的投影是否在第一段直线上
        a = sin(hzfwj[0]);
        b = cos(hzfwj[0]);
        c = - a* hzx[0]- b* hzy[0];

        v1 = a* x+b* y+c;
        if(fabs(v1)<0.0001)
        {
            pml = hzml[0];
            Flag = 2;
        }

        a = sin(zhfwj[1]);
        b = cos(zhfwj[1]);
        c = - a* zhx[1]- b* zhy[1];
        v2 = a* x+b* y+c;
        if(Flag! = 2)
        {
            if(fabs(v2)<0.0001)
            {
                pml = zhml[1];
                Flag = 2;
            }
        }

        if(v1* v2< = 0.0&&Flag! = 2)
        {
            if(Flag! = 2)
```

```
    {
        sml = hzml[0];
        sfwj = hzfwj[0];

        eml = zhml[1];
        efwj = zhfwj[1];
        Flag = 1;
    }
}

for(i = 1; i<JDn- 1&&Flag = = 0; i++)
{
    //计算点的投影是否在 zh- hy 上
    v1 = v2;
    a = sin(hyfwj[i]);
    b = cos(hyfwj[i]);
    c = - a* hyx[i]- b* hyy[i];
    v2 = a* x+b* y+c;

    if(fabs(v2)<0.0001)
    {
        pml = hyml[i];
        Flag = 2;
        break;
    }

    if(v1* v2< = 0.0&&Flag! = 2)
    {
        sml = zhml[i];
        sfwj = zhfwj[i];

        eml = hyml[i];
        efwj = hyfwj[i];
        Flag = 1;
        break;
    }
```

```
//计算点的投影是否在 hy- yh 上
v1 = v2;
a = sin(yhfwj[i]);
b = cos(yhfwj[i]);
c = - a* yhx[i] - b* yhy[i];
v2 = a* x+b* y+c;
if(fabs(v2)<0.0001)
{
    pml = yhml[i];
    Flag = 2;
    break;
}

if(v1* v2< = 0.0&&Flag! = 2)
{
    sml = hyml[i];
    sfwj = hyfwj[i];

    eml = yhml[i];
    efwj = yhfwj[i];
    Flag = 1;
    break;
}

//计算点的投影是否在 hy- hz 上
v1 = v2;
a = sin(hzfwj[i]);
b = cos(hzfwj[i]);
c = - a* hzx[i] - b* hzy[i];
v2 = a* x+b* y+c;
if(fabs(v2)<0.0001)
{
    pml = hzml[i];
    Flag = 2;
    break;
}
if(v1* v2< = 0.0&&Flag! = 2)
{
```

```
            sml = yhml[i];
            sfwj = yhfwj[i];

            eml = hzml[i];
            efwj = hzfwj[i];
            Flag = 1;
            break;
        }

    //计算点的投影是否在曲线后夹直线上
    v1 = v2;
    a = sin(zhfwj[i+1]);
    b = cos(zhfwj[i+1]);
    c = - a* zhx[i+1] - b* zhy[i+1];
    v2 = a* x+b* y+c;
    if(fabs(v2)<0.0001)
    {
            pml = zhml[i+1];
            Flag = 2;
            break;
    }

    if(v1* v2< = 0.0&&Flag! = 2)
    {
            sml = hzml[i];
            sfwj = hzfwj[i];

            eml = zhml[i+1];
            efwj = zhfwj[i+1];
            Flag = 1;
            break;
    }
}

if(Flag = = 1)
{
    for(; ;)
    {
```

```
        pml = 0.5* (sml+eml);
        cmltoxya(JDn , JDr , JDlo , JDdir , zhml , zhx , zhy , zhfwj , hyml , hyx , hyy , hyfwj , yhml ,
                yhx , yhy , yhfwj , hzml , hzx , hzy , hzfwj , pml , px , py , pfwj);
        a = sin(pfwj);
        b = cos(pfwj);
        c = - a* px- b* py;
        v = a* x+b* y+c;

        if(fabs(v)<0.0001)
        {
            break;
        }
        else
        {
            if(v* v1>0.0)
            {
                v1 = v;
                sml = pml;
            }
            else if(v* v2>0.0)
            {
                v2 = v;
                eml = pml;
            }
        }
    }
}
return pml;
}
```

3.11   线路平面相交计算

　　线路设计中经常出现线路与线路交叉的情形，线路交叉点常常是标高控制点、桥孔布置控制点等具有控制意义的点位，精确计算交叉点坐标及其桩号在平面线形设计中就显得非常重要。

　　平面线形一般由直线、圆曲线及缓和曲线 3 种线形单元构成，这涉及到 6 种线形单元的相交模式计算，即直线与直线、直线与圆曲线、直线与缓和曲线、圆曲线与圆曲线、圆曲线与缓和曲线、缓和曲线与缓和曲线。在这 6 种相交模式中，直线与直线、直线与圆曲线、圆曲线与圆曲线的相交计算比较简单，而缓和曲线由于其表达式的非解析性，与其他线形单元的交点计算一般比较麻烦，下面介绍缓和曲线与直线、圆曲线及缓和曲线的相交计算。

1. 直线与缓和曲线交点计算

如图 3-9 所示，直线 L 与缓和曲线 C 交于 O 点。计算 O 点坐标时，可由缓和曲线始端 S 点向直线作垂线，得垂线长 $SE=a$。设 S 点的里程为 k，令 $k=k+a$，得出缓和曲线上的一个新里程，根据前述里程转坐标算法，由此里程得出缓和曲线上一新点 S_1。再由 S_1 向直线作垂线，得垂线长 $S_1E_1=b$，令 $k=k+b$，重复以上步骤，得 S_1，S_2，$\cdots$，S_n 和 E_1，E_2，$\cdots$，E_n，直到 $S_nE_n \rightarrow 0$ 为止，则 S_n 即为直线与缓和曲线交点。

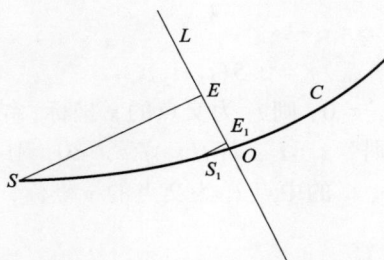

图 3-9　直线与缓和曲线求交

2. 圆弧与缓和曲线交点计算

如图 3-10 所示，圆弧 A 与缓和曲线 C 交于 O 点。设圆弧上任一点的坐标为 (x_a, y_a)，缓和曲线上任一点的坐标为 (x_c, y_c)，圆弧与缓和曲线交点处 $x_a=x_c$ 且 $y_a=y_c$。

令 $f(x)=y_a-y_c$，设圆弧与缓和曲线在大地坐标系 X 轴方向的重叠区间为 (x_s, x_e)，取 x_s 为初始点，以步长 s 进行搜索，计算 $f(x_s+ks)$，其中 $k=1$，2，$\cdots$，m，直到某一个 m，使得：

$$f(x_s+(k-1)s)f(x_s+ks)<0$$

因此交点 O 一定在区间 $[x_s+(k-1)s, x_s+ks]$ 中。

上述搜索需计算 $f(x_i)$ 的值，而计算 $f(x_i)$ 的关键是计算 x_i 处圆弧与缓和曲线的 Y 坐标。为此，作一条垂直线 L，即 $x=x_i$，使该直线与圆弧的交点有解析解，则直线与缓和曲线的交点可用前述相应算法求解。

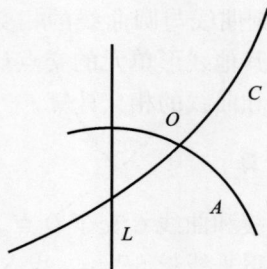

图 3-10 圆弧与缓和曲线求交

然后在搜索区间 $[x_s+(k-1)s,\ x_s+ks]$ 采用二分法求解圆弧与缓和曲线交点，算法求解步骤如下。

已知：$f(x)$，终止限 ε。

①令 $t_1=x_s+(k-1)s$，$t_2=x_s+ks$。

②求区间 $[t_1,\ t_2]$ 的中点，$t_3=0.5(t_1+t_2)$。

③计算 $f(t_3)$，若 $f(t_3)=0$，则 t_3 为交点的 x 坐标，结束。

④若 $f(t_1)f(t_3)<0$，则令 $t_2=t_3$；若 $f(t_2)f(t_3)<0$，则令 $t_1=t_3$。

⑤若 $|t_2-t_1|<\varepsilon$，取 t_1、t_2 的中点 t_3 为交点的 x 坐标，结束；否则，转②。

3. 两缓和曲线交点计算

如图 3-11 所示，缓和曲线 C_1 与缓和曲线 C_2 交于 O 点。设缓和曲线 C_1 上任一点的坐标为 $(x_{C_1},\ y_{C_1})$，缓和曲线 C_2 上任一点的坐标为 $(x_{C_2},\ y_{C_2})$，在两缓和曲线交点 O 处有 $x_{C_1}=x_{C_2}$ 且 $y_{C_1}=y_{C_2}$。

令 $f(x)=y_{C_1}-y_{C_2}$，设两条相交的缓和曲线在大地坐标系 X 轴方向的重叠区间为 $(x_s,\ x_e)$，取 x_s 为初始点，以步长 s 进行搜索，计算 $f(x_s+ks)$，其中 $k=1$，2，$\cdots$，m，直到某一个 m，使得：

$$f(x_s+(k-1)s)f(x_s+ks)<0$$

由于计算 $f(x_i)$ 的关键是计算 x_i 处两缓和曲线的 Y 坐标，因此作一条垂直线 L，即 $x=x_i$，用前述直线与缓和曲线交点的求解算法可求出该直线与两缓和曲线交点的 Y 坐标。

然后在搜索区间 $[x_s+(k-1)s,\ x_s+ks]$ 采用二分法求解，其步骤同圆弧与缓和曲线交点计算中的二分法求解步骤。

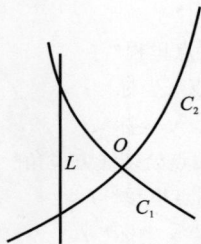

图 3-11　两缓和曲线交点计算

3.12　邻线交点坐标计算

在双线或多线铁路设计中, Ⅰ线的位置按交点法直接输入, 邻线位置与Ⅰ线相关, 其交点坐标需通过计算确定。

已知邻线交点在Ⅰ线上的投影里程及到Ⅰ线的距离, 可计算出该交点的位置。

如图 3-12 所示, Ⅱ线交点 D 在Ⅰ线上的投影点为 P, D 到Ⅰ线的距离为 s。设 P 点里程为 pml, 则利用Ⅰ线平面数据, 可根据前述里程转坐标函数计算出该点的坐标 (X_p, Y_p) 及方位角 fwj_p。在此基础上, Ⅱ线交点 D 点的坐标按下式计算:

$$X_D = X_p + s \cdot \cos(fwj_p \cdot 0.5lr\pi)$$
$$Y_D = Y_p + s \cdot \sin(fwj_p \cdot 0.5lr\pi)$$

式中变量 lr 根据邻线与Ⅰ线的位置关系确定, 若邻线在Ⅰ线左侧取-1, 邻线在Ⅰ线右侧取 1。

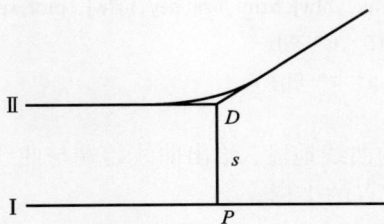

图 3-12　邻线交点在Ⅰ线上的投影

```
void CalJD(int JDn,/* 交点数* /
          double * JDr,/* 曲线半径* /
```

```
        double *  JDlo,/*  缓和曲线长* /
        int *  JDdir,/*  曲线转向* /
        double *  zhml,/*  直缓点里程* /
        double *  zhx,/*  直缓点 x 坐标* /
        double *  zhy,/*  直缓点 y 坐标* /
        double *  zhfwj,/*  直缓点处切线方位角* /
        double *  hyml,/*  缓圆点里程* /
        double *  hyx,/*  缓圆点 x 坐标* /
        double *  hyy,/*  缓圆点 y 坐标* /
        double *  hyfwj,/*  缓圆点切线方位角* /
        double *  yhml,/*  圆缓点里程* /
        double *  yhx,/*  圆缓点 x 坐标* /
        double *  yhy,/*  圆缓点 y 坐标* /
        double *  yhfwj,/*  圆缓点处切线方位角* /
        double *  hzml,/*  缓直点里程* /
        double *  hzx,/*  缓直点 x 坐标* /
        double *  hzy,/*  缓直点 y 坐标* /
        double *  hzfwj,/*  缓直点切线方位角* /
        double pml,/*  投影里程* /
        double s,/*  计算点到Ⅰ线的距离* /
        int lr,/*  计算点的边侧(相对于Ⅰ线)* /
        double &x,/*  计算点 x 坐标* /
        double &y/*  计算点 y 坐标* /
        )
{
    double xp,yp,fwjp;
    cmltoxya(JDn,JDr,JDlo,JDdir,zhml,zhx,zhy,zhfwj,hyml,hyx,hyy,hyfwj,
            yhml,yhx,yhy,yhfwj,hzml,hzx,hzy,hzfwj, pml,xp,yp,fwjp);
    x = xp+s* cos(fwjp+0.5* lr* PI);
    y = yp+s* sin(fwjp+0.5* lr* PI);
}
```

在Ⅰ线与邻线并行的曲线地段，给出曲线始端与曲线终端上Ⅰ线和邻线之间的线间距，也可计算出交点的坐标。

如图 3-13 所示，设曲线变距时Ⅰ线曲线交点为 JD_i，则根据交点坐标可确定 JD_{i-1} 与 JD_i 连线 l_1 的直线方程及 JD_i 与 JD_{i+1} 连线 l_2 的直线方程，再根据邻线所在边侧及曲线始端与曲线终端Ⅰ线与邻线之间的线间距 s_1、s_2 可得与 l_1 及 l_2 分别平行且距离分别为 s_1、s_2 的两直线 l_3 及 l_4，l_3 与 l_4 的交点即为邻线的交点坐标。

```
    void CalJD(int jdi,/*  Ⅰ线曲线交点序号* /
```

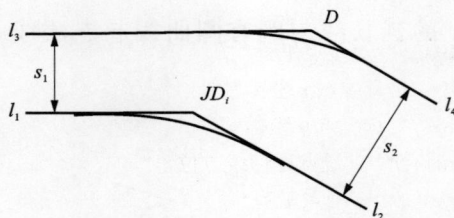

图 3-13　曲线变距

```
double * JDx,/* Ⅰ线曲线交点 x 坐标* /
double * JDy,/* Ⅰ线曲线交点 y 坐标* /
int lr,/* 计算点的边侧(相对于Ⅰ线)* /
double s1,/* 曲线始端Ⅰ线与邻线之间的线间距* /
double s2,/* 曲线终端Ⅰ线与邻线之间的线间距* /
double &x,/* 计算点 x 坐标* /
double &y/* 计算点 y 坐标* /
)
{
    double a1,b1,c1,a2,b2,c2,d1,e1,f1,d2,e2,f2;
    GetLineEquation(JDx[jdi- 1],JDy[jdi- 1],JDx[jdi],JDy[jdi],a1,b1,c1);
    GetLineEquation(JDx[jdi],JDy[jdi],JDx[jdi+1],JDy[jdi+1],d1,e1,f1);
    GetParallelLineEquation(a1,b1,c1,lr* s1,a2,b2,c2);
    GetParallelLineEquation(d1,e1,f1,lr* s2,d2,e2,f2);

    GetTwoLineIntersection(a2,b2,c2,d2,e2,f2,&x,&y);
}
```

3.13　线间距计算

1. 几何算法

1)曲线地段线距改变

(1)内、外侧圆曲线线间距计算

如图 3-14 所示,设既有圆曲线上任一点 M, M 到 ZY_1 的长度为 L_1;该点处法线与第二线交于 N 点, M 点处的线间距为 MN,其值为 Y。

两圆心连线在既有曲线起点法线方向的投影长度为 $B=R_1+p_1-D_1-p_2-R_2$。

两圆心距为 $A=O_1O_2=\sqrt{B^2+b_1^2}$。

两圆心连线 O_1O_2 的延长线与既有圆曲线起点法线方向间的夹角为 $\theta=$ arctan $\dfrac{b_1}{B}$。

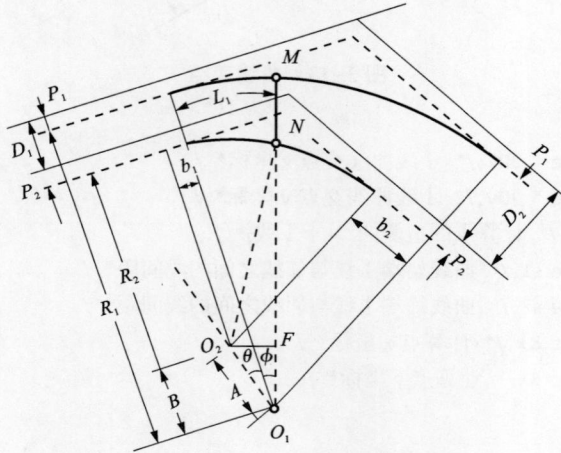

图 3-14 线间距计算

既有圆曲线上任一点 M 到既有曲线起点间弧长 L_1 所对之中心角为 $\varphi=\dfrac{L_1}{R_1}\dfrac{180}{\pi}(°)$。

$$O_1F=A\cos(\theta+\varphi)$$
$$MN=O_1M-O_1N=R_1-(O_1F+FN)$$
$$FN=\sqrt{O_2N^2-O_2F^2}=\sqrt{R_2^2-A^2\sin(\theta+\varphi)^2}$$
$$Y=MN=R_1-A\cos(\theta+\varphi)-\sqrt{R_2^2-A^2\sin(\theta+\varphi)^2}$$

（2）缓和曲线范围内线间距计算

如图 3-15 所示，求出两圆曲线间的线间距后，圆曲线两端应计入加设缓和曲线后的移动量。根据测点所在位置，采用表 3-1 所列公式进行计算。

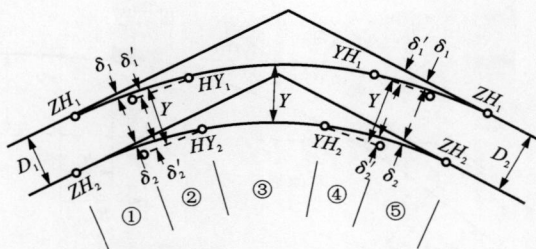

图 3-15 缓和曲线移动量

表 3-1 线间距公式

测点范围	线间距离	δ_1，δ_1'	δ_2，δ_2'	l_1，l_2，l_1'，l_2'
ZY 外侧	$\Delta_0 = D_1 - \delta_1 + \delta_2$	$\delta_1 = \dfrac{l_1^3}{6C_1}$	$\delta_2 = \dfrac{l_2^3}{6C_2}$	$l_1 = $ 测点里程 $- ZH_1$ 里程 $l_2 = $ 测点里程 $- ZH_2$ 里程
ZY-HY	$\Delta_0 = Y + \delta_1' - \delta_2'$	$\delta_1' = \dfrac{(l_1')^3}{6C_1}$	$\delta_2' = \dfrac{(l_2')^3}{6C_2}$	$l_1' = HY_1$ 里程 $-$ 测点里程 $l_2' = HY_2$ 里程 $-$ 测点里程
HY-YH	Y			
YH-YZ	$\Delta_0 = Y + \delta_1' - \delta_2'$	$\delta_1' = \dfrac{(l_1')^3}{6C_1}$	$\delta_2' = \dfrac{(l_2')^3}{6C_2}$	$l_1' = $ 测点里程 $- YH_1$ 里程 $l_2' = $ 测点里程 $- YH_2$ 里程
YZ 外侧	$\Delta_0 = D_2 - \delta_1 + \delta_2$	$\delta_1 = \dfrac{l_1^3}{6C_1}$	$\delta_2 = \dfrac{l_2^3}{6C_2}$	$l_1 = HZ_1$ 里程 $-$ 测点里程 $l_2 = HZ_2$ 里程 $-$ 测点里程

2）曲线上两线换边

如图 3-16 所示，曲线上两线换边，实际上是两个曲线变距的问题，左侧设计线对既有线来说，线距由 D_1 变为 0，右侧设计线由 0 变为 D_2。

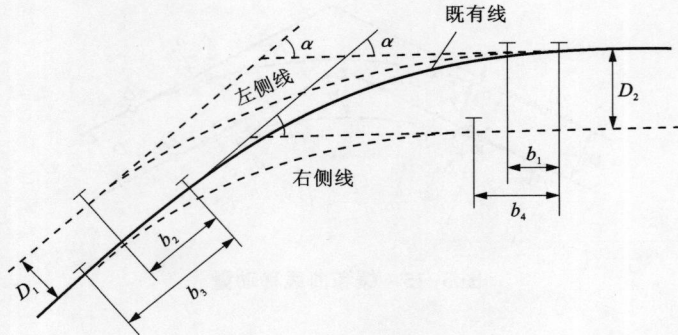

图 3-16　曲线换边

3）直线上改变线距

如图 3-17 所示，直线上改变线距可用加设一组反向曲线的方法达成。反向曲线的曲线半径一般采用 4000 m，困难条件下可采用 3000 m。通常情况下，应设置缓和曲线，如受最小曲线长度要求的限制，亦可不设缓和曲线。

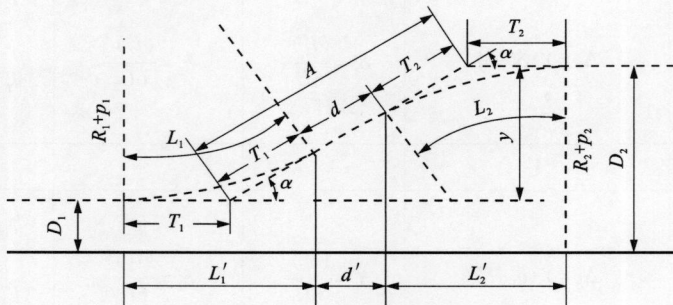

图 3-17　直线上改变线距

直线上改变线距时，一般已知线距 D_1 与 D_2、曲线半径 R_1 与 R_2、夹直线长度 l、与夹直线相邻的两曲线的缓和曲线长度 l_1 与 l_2。

（1）计算转角 α

令 $Y = D_2 - D_1$，所以 $Y = A\sin\alpha = A\dfrac{2\tan\dfrac{\alpha}{2}}{1+\tan^2\dfrac{\alpha}{2}}$。

设 $d=l+0.5(l_1+l_2)$，$A=T_1+T_2+d=(R_1+R_2+p_1+p_2)\tan\dfrac{\alpha}{2}+d$

$$Y=\left[(R_1+R_2+p_1+p_2)\tan\frac{\alpha}{2}+d\right]\frac{2\tan\dfrac{\alpha}{2}}{1+\tan^2\dfrac{\alpha}{2}}$$

$$\tan\frac{\alpha}{2}=\frac{-d\pm\sqrt{d^2+\left[2(R_1+R_2+p_1+p_2)-Y\right]Y}}{2(R_1+R_2+p_1+p_2)-Y}$$

（2）计算曲线要素和两线里程差

$A=Y/\sin\alpha$

$T_1=(R_1+p_1)\tan\dfrac{\alpha}{2}$，$L_1=\alpha(R_1+p_1)$

$T_2=(R_2+p_2)\tan\dfrac{\alpha}{2}$，$L_2=\alpha(R_2+p_2)$

$d=A-T_1-T_2$

设计线的实际长度为 L_1+d+L_2，它在既有线上的投影长度为 $L_1'+d'+L_2'$。

$L_1'+d'+L_2'=(1+\cos\alpha)T_1+d\cos\alpha+(1+\cos\alpha)T_2$

两线里程差为 $L_1+d+L_2-L_1'+d'+L_2'$。

YZ_1 投影里程 $=ZY_1$ 里程$+(1+\cos\alpha)T_1$

ZY_2 投影里程 $=ZY_1$ 里程$+T_1+(T_1+d)\cos\alpha$

YZ_2 投影里程 $=ZY_1$ 里程$+T_1+A\cos\alpha+T_2$

（3）法线长度计算

第二线中线距既有线中线的法线长度可用切线支距的公式计算，如图 3-18 所示。

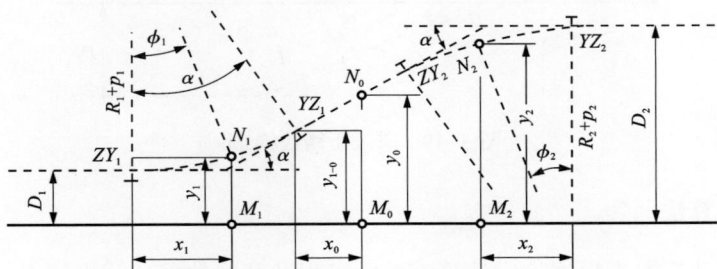

图 3-18 法线长度计算

①在 ZY_1 与 YZ_1 之间的法线长。

设 x_1 为既有线上测点 M_1 的里程与 ZY_1 的投影里程之差。

$$\varphi_1 = \arcsin \frac{x_1}{R_1 + p_1}$$

$$y_1 = M_1 N_1 = D_1 + (R_1 + p_1)(1 - \cos \varphi_1)$$

YZ_1 点处的法线长为 $y_{1-0} = D_1 + (R_1 + p_1)(1 - \cos \alpha)$。

②在 YZ_1 与 ZY_2 之间的法线长。

设 x_0 为既有线上测点 M_0 的里程与 YZ_1 的投影里程之差。

$$y_0 = M_0 N_0 = y_{1-0} + x_0 \tan \alpha = D_1 + (R_1 + p_1)(1 - \cos \alpha) + x_0 \tan \alpha$$

③在 ZY_2 与 YZ_2 之间的法线长。

设 x_2 为 YZ_2 的投影里程与既有线上测点 M_2 的里程之差。

$$\varphi_2 = \arcsin \frac{x_2}{R_2 + p_2}$$

$$y_2 = M_2 N_2 = D_2 - (R_2 + p_2)(1 - \cos \varphi_2)$$

④线间距离的计算。

设 y 为相应路段的法线长度；δ_1、δ_2 为加设缓和曲线后各测点的内移距离，若不设缓和曲线时，则 δ_1、δ_2 均为 0。

测点位于 ZH_1 与 HZ_1 之间时，$D = y + \delta_1 \cos \varphi_1 \approx y + \delta_1$。

测点位于 HZ_1 与 ZH_2 之间时，$D = y$。

测点位于 ZH_2 与 HZ_2 之间时，$D = y - \delta_2 \cos \varphi_2 \approx y - \delta_2$。

4）直线上两线换边

如图 3-19 所示，直线上两线换边实际上是两条直线变距的问题，对既有线来说，左侧设计线线距由 D_1 变置 0，右侧设计线由 0 变置 D_2。

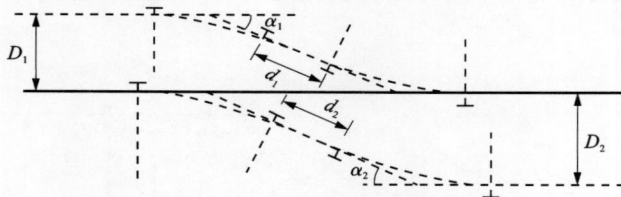

图 3-19　直线上两线换边

2. 数值算法

线间距计算时先根据给定计算点处的里程及基线数据计算出该点的坐标及方位角，在此基础上可以获得其法线方程，然后求法线与 Ⅱ 线的交点，该交点与计算点间的距离即为线间距。该方法原理简单、适用性广，在平面数字化设计中得到广泛应用。

```
double CalXJ(int JDn,/* 交点个数* /
            double * JDr,/* 曲线半径* /
            double * JDlo,/* 缓和曲线长* /
            int * JDdir,/* 曲线偏转方向* /
            double * zhml,/* 直缓点里程* /
            double * zhx,/* 直缓点 x 坐标* /
            double * zhy,/* 直缓点 y 坐标* /
            double * zhfwj,/* 直缓点切线方位角* /
            double * hyml,/* 缓圆点里程* /
            double * hyx,/* 缓圆点 x 坐标* /
            double * hyy,/* 缓圆点 y 坐标* /
            double * hyfwj,/* 缓圆点切线方位角* /
            double * yhml,/* 圆缓点里程* /
            double * yhx,/* 圆缓点 x 坐标* /
            double * yhy,/* 圆缓点 y 坐标* /
            double * yhfwj,/* 圆缓点切线方位角* /
            double * hzml,/* 缓直点里程* /
            double * hzx,/* 缓直点 x 坐标* /
            double * hzy,/* 缓直点 y 坐标* /
            double * hzfwj,/* 缓直点切线方位角* /
            double x,/* 计算点 x 坐标* /
            double y,/* 计算点 y 坐标* /
            double fwj/* 计算点处切线方位角* /
            )
{
    int i,Flag;
    double a,b,c,v,v1,v2,d,sml,eml,pml,px,py,pfwj;
    //过计算点的法线方程
    a = sin(fwj);
    b = cos(fwj);
    c = - a* x- b* y;

    Flag = 0;
    //法线是否与第一段直线相交
    v1 = a* hzx[0]+b* hzy[0]+c;
    if(fabs(v1)<0.0001)
    {
        d = sqrt((hzx[0]- x)* (hzx[0]- x)+(hzy[0]- y)* (hzy[0]- y));
```

73

```
        return d;
    }

    v2 = a* zhx[1]+b* zhy[1]+c;
    if(fabs(v2)<0.0001)
    {
        d = sqrt((zhx[1]- x)* (zhx[1]- x)+(zhy[1]- y)* (zhy[1]- y));
        return d;
    }

    if(v1* v2<0.0)
    {
        sml = hzml[0];
        eml = zhml[1];
        Flag = 1;
    }

    for(i = 1; i<JDn- 1&&Flag = = 0; i++)
    {
        //法线是否与 zh- hy 段相交
        v1 = v2;
        v2 = a* hyx[i]+b* hyy[i]+c;
        if(fabs(v2)<0.0001)
        {
            d = sqrt((hyx[i]- x)* (hyx[i]- x)+(hyy[i]- y)* (hyy[i]- y));
            Flag = 2;
            break;
        }

        if(v1* v2<0.0)
        {
            sml = zhml[i];
            eml = hyml[i];
            Flag = 1;
            break;
        }

        //法线是否与 hy- yh 段相交
```

```
v1 = v2;
v2 = a* yhx[i]+b* yhy[i]+c;
if(fabs(v2)<0.0001)
{
    d = sqrt((yhx[i]- x)* (yhx[i]- x)+(yhy[i]- y)* (yhy[i]- y));
    Flag = 2;
    break;
}
if(v1* v2<0.0)
{
    sml = hyml[i];
    eml = yhml[i];
    Flag = 1;
    break;
}
//法线是否与 yh- hz 段相交
v1 = v2;
v2 = a* hzx[i]+b* hzy[i]+c;
if(fabs(v2)<0.0001)
{
    d = sqrt((hzx[i]- x)* (hzx[i]- x)+(hzy[i]- y)* (hzy[i]- y));
    Flag = 2;
    break;
}
if(v1* v2<0.0)
{
    sml = yhml[i];
    eml = hzml[i];
    Flag = 1;
    break;
}
//法线是否与曲线后夹直线相交
v1 = v2;
v2 = a* zhx[i+1]+b* zhy[i+1]+c;
if(fabs(v2)<0.0001)
{
    d = sqrt((zhx[i+1]- x)* (zhx[i+1]- x)+(zhy[i+1]- y)* (zhy[i+1]- y));
    Flag = 2;
        break;
```

```
            }
            if(v1* v2<0.0)
            {
                sml = hzml[i];
                eml = zhml[i+1];
                Flag = 1;
                break;
            }
        }

        if(Flag = = 1)
        {
            for(; ; )
            {
                pml = 0.5* (sml+eml);
                cmltoxya(JDn,JDr,JDlo,JDdir,zhml,zhx,zhy,zhfwj,hyml,hyx,hyy,hyfwj,
                        yhml,yhx,yhy,yhfwj, hzml,hzx,hzy,hzfwj,pml,px,py,pfwj);
                v = a* px+b* py+c;
                if(fabs(v)<0.0001)
                {
                    d = sqrt((px- x)* (px- x)+(py- y)* (py- y));
                    break;
                }
                else
                {
                    if(v* v1>0.0)
                    {
                        sml = pml;
                        v1 = v;
                    }
                    else
                    {
                        v2 = v;
                        eml = pml;
                    }
                }
            }
        }
        return d;
    }
```

3.14　线路平面合理性检查

1. 夹直线及圆曲线长度检查

关于夹直线或圆曲线的长度,从养护来看,太短不利于曲线整正;从行车平稳上看,太短会使车辆同时处在不同的线形单元上,外轨超高不同及未被平衡的横向加速度频繁变化,不利于行车平稳、旅客舒适。因此,圆曲线及夹直线的最小长度应尽量长一些,为行车和维修创造有利条件,如表 3-2 所示。

表 3-2　圆曲线及夹直线的最小长度

路段旅客列车设计行车速度/(km·h⁻¹)	160	140	120	100	80
圆曲线或夹直线最小长度/m	130(80)	110(70)	80(50)	60(40)	50(30)

注:括号内数字为特殊条件下,经技术经济比选后方可采用的个别曲线半径。

2. 最小曲线半径检查

最小曲线半径应满足旅客舒适度要求,对于高、中速共线运行的高速客运专线和客货共线铁路,最小曲线半径还应保证列车以不同速度运行条件下,轮轨磨耗均匀和内、外轨受力均匀等,以保证轨道的稳定和行车平稳,如表 3-3 所示。

表 3-3　最小曲线半径

铁路类型		客运专线						客货共线铁路					
设计速度 /(km·h⁻¹)		350/250		300/200		250/200		200	160	140	120	100	80
轨道类型		有砟轨道	无砟轨道	有砟轨道	无砟轨道	有砟轨道	无砟轨道						
R_{min}/m	一般	7000	7000	5000	5000	3500	3200	3500	2000	1600	1200	800	600
	(特殊) 困难	6000	(5500)	(4500)	(4000)	(3000)	(2800)	2800	1600	1200	800	600	500

3. 最大曲线半径检查

最大曲线半径关系到线路的铺设、养护、维修可否达到要求的精度,进而影响轨道的平顺状态，间接成为限制列车运行速度甚至是不安全的因素。

客货共线铁路曲线半径最大值为 12000 m；时速 200~250 km 的客运专线，其最大曲线半径一般不大于 10000 m；时速 300~350 km 的客运专线一般不应大于 12000 m。

4. 缓和曲线长度检查

缓和曲线长度会影响行车安全和旅客舒适，缓和曲线长度需保证超高顺坡不致使列车脱轨，超高时变率不致使旅客不适，欠超高时变率不致影响旅客舒适，如表 3-4 所示。

表 3-4 客货共线铁路最小缓和曲线长度

设计速度 /(km·h⁻¹)		200		160		140		120		100		80	
工程条件		一般	困难	一般	困难	一般	困难	一般	困难	一般	困难	一般	困难
曲线半径/m	12000	40	40	40	40	30	20	20	20	20	20	20	20
	10000	50	40	50	40	30	20	20	20	20	20	20	20
	8000	60	50	60	50	40	30	30	20	20	20	20	20
	7000	70	60	70	50	50	30	30	20	20	20	20	20
	6000	80	70	70	60	50	30	30	20	20	20	20	20
	5000	90	80	70	60	60	40	40	30	20	20	20	20
	4000	110	100	80	70	60	40	50	30	30	20	20	20
	3000	150	130	90	80	70	50	50	40	40	20	20	20
	2800	170	170	100	90	80	60	50	40	40	30	20	20
	2500	—	—	110	100	80	70	60	40	40	30	30	20
	2000	—	—	140	120	90	80	60	50	50	30	30	20
	1800	—	—	160	140	100	80	70	60	50	40	30	20
	1600	—	—	170	160	110	100	70	60	50	40	40	20
	1400	—	—	—	—	130	110	80	70	60	40	40	20
	1200	—	—	—	—	150	130	90	80	60	50	40	30
	1000	—	—	—	—	—	—	120	100	70	60	40	30
	800	—	—	—	—	—	—	150	130	80	70	50	40
	700	—	—	—	—	—	—	—	—	100	90	50	40
	600	—	—	—	—	—	—	—	—	120	100	60	50
	550	—	—	—	—	—	—	—	—	130	110	60	50
	500	—	—	—	—	—	—	—	—	—	—	60	60

5.站坪线路平面检查

车站要进行技术作业,为了作业的安全和方便,站坪应设在直线上。若受地形条件限制,设在直线上可能会引起大量工程时,允许将站坪设在曲线上,但曲线半径应符合相应技术条件确定的最小曲线半径值要求,如表 3-5 所示。

表 3-5　站坪平面最小曲线半径

路段旅客列车设计行车速度/(km · h⁻¹)		160	140	120	100	80
区段站/m		1600	1200	800		
中间站、会让站、越行站/m	一般	2000	1600	1200	800	600
	困难	1600	1200	800	600	600

客货共线铁路的横列式车站不应设在反向曲线上,以免恶化瞭望条件、降低效率、影响作业安全。纵列式车站如设在反向曲线上,则每一运行方向到发线有效长度范围内不应有反向曲线。

3.15　单线铁路平面图绘制

铁路线路平面是指线路中心线在水平面上的投影,表示线路在平面上的具体位置。线路平面位置用线路平面图表示。

铁路设计一般采用 AutoCAD 出图,因此必须先在 AutoCAD 中绘制图形。可以先生成脚本文件,然后在 AutoCAD 中运行脚本文件,进行图形的绘制;或直接驱动 AutoCAD 绘制图形。其中第一种方法比较简单易行,它通过脚本文件将 AutoCAD 命令组合在一起进行绘图,采用常用的编程语言均可生成脚本文件,但运行速度慢;第二种方法可采用 ObjectArx、AutoLISP、VBA (visual basic for applications) 结合 AutoCAD 提供的函数编程实现,运行速度较脚本文件快,该方法有一定的难度,其开发速度比较慢,对开发人员的能力要求较高,具体方法较复杂,内容较多,有专门的书籍介绍。为避免内容繁杂,这里利用脚本文件绘制铁路设计图,基于 C 语言编制的生成脚本文件的程序很容易改为 ObjectArx 程序,运行速度要求高时可采用 ObjectArx 程序。

利用脚本文件绘图无须直接驱动 AutoCAD,要实现绘图的目的,先运行程序生成以 scr 为扩展名的绘图文件,再在 AutoCAD 的 CAD 命令行中输入 script,然后选择所生成的 scr 文件,按回车即可生成图形。

脚本文件必须写成 ASCII 码格式，它能将命令和数据的序列结合起来，其执行效果就如同在 AutoCAD 中手工输入命令及数据绘图，命令和数据间的空格被看作回车键，文本每行的结尾符(分行符)也被视为回车键。

1. 生成主点现场里程字符串

主点现场里程标注时要标注主点名及不足公里部分，如直缓点里程为"AK111+348.961"，则在直缓点标注"ZH+348.961"。

```
void CreateMainPointMileage(char * MainPointName, /* 主点名* /
                            double cml, /* 主点连续里程* /
                            char * MainPointMileage/* 主点现场里程* /
                            )
{
    int km;
    double hund;

    km  = (int)((start_ml+cml)/1000.0+0.000000001);
    hund = start_ml+cml- km* 1000.0;
    if(hund<0.0) hund = 0.0;

    sprintf(MainPointMileage, "% s% +0.3lf", MainPointName, hund);
}
```

2. 绘平面图函数

平面图上需绘制线路中心线、车站、桥梁、隧道、主点及里程、曲线要素等，需要注意的是线路中心线是由直线、圆弧及缓和曲线组成的，AutoCAD 中并未提供与缓和曲线对应的实体，故一般采用折线方式绘制，只要在缓和曲线上取足够多的点，就完全可以满足精度要求。此外，线路中心线在隧道处需绘制成虚线，因此可将隧道起终点里程作为中心线的分界点，并根据要求分别绘制实线或虚线。

```
void DrawPlane(int JDn,/* 交点数* /
               char    (* JDname)[ MAXJDNAME],/* 交点名* /
               double * JDx,/* 交点 x 坐标* /
               double * JDy,/* 交点 y 坐标* /
               double * JDr,/* 曲线半径* /
               double * JDlo,/* 缓和曲线长* /
               double * JDFwj,/* 相邻两交点连线方位角* /
               double * JDZxj,/* 曲线转向角* /
```

```
        int *  JDdir,/*  曲线转向* /
        double *  zhml,/*  直缓点里程* /
        double *  zhx,/*  直缓点 x 坐标* /
        double *  zhy,/*  直缓点 y 坐标* /
        double *  zhfwj,/*  直缓点处切线方位角* /
        double *  hyml,/*  缓圆点里程* /
        double *  hyx,/*  缓圆点 x 坐标* /
        double *  hyy,/*  缓圆点 y 坐标* /
        double *  hyfwj,/*  缓圆点切线方位角* /
        double *  yhml,/*  圆缓点里程* /
        double *  yhx,/*  圆缓点 x 坐标* /
        double *  yhy,/*  圆缓点 y 坐标* /
        double *  yhfwj,/*  圆缓点处切线方位角* /
        double *  hzml,/*  缓直点里程* /
        double *  hzx,/*  缓直点 x 坐标* /
        double *  hzy,/*  缓直点 y 坐标* /
        double *  hzfwj,/*  缓直点切线方位角* /
        int BRln,/*  桥梁数* /
        double *  BRlsml,/*  桥梁起始里程* /
        double *  BRleml,/*  桥梁终止里程* /
        char (*  BRlname)[50],/*  桥梁名* /
        int TUNn,/*  隧道数* /
        double *  TUNsml,/*  隧道起始里程* /
        double *  TUNeml,/*  隧道终止里程* /
        char (*  TUNname)[50],/*  隧道名* /
        int STAn,/*  车站数* /
        double *  STAcml,/*  车站中心里程* /
        char (*  STAname)[50],/*  车站名* /
        char (*  STAside)[50]/*  站房边侧* /
        )
{
    int i,k;
    double a,dtl;
    char str[100],akml[30];
    //里程分段数
    int CmlSegNum;
    int CmlSegKind[100];
    //里程分段的起终里程
```

81

```
double CmlSegSml[100],CmlSegEml[100];

double cml,Px,Py,Pang,LINEw,ang,d,x,y,fwj;
double r,w,xe,ye,xo,yo,x1,y1,x2,y2,x3,y3;
FILE * f;

f=fopen("MyPlane.scr","w");
if(f= = NULL) return;

fprintf(f,"- osnap off \n");
fprintf(f,"Layer N Plane \n");
fprintf(f,"Layer S Plane \n");
fprintf(f,"style HZ STFANGSO.TTF 0.0 0.75 0.0 N N\n");
fprintf(f,"ltscale 2.0\n");

//绘交点
for(i=1; i<JDn-1; i++)
{
    cmltoxya(JDn,JDr,JDlo,JDdir,zhml,zhx,zhy,zhfwj,hyml,hyx,hyy,hyfwj,
            yhml,yhx,yhy,yhfwj,hzml,hzx,hzy,hzfwj, zhml[i],x,y,fwj);
    fprintf(f,"pline % lf,% lf w 0.0 0.0 % lf,% lf \n",JDx[i],JDy[i],x,y);
    cmltoxya(JDn,JDr,JDlo,JDdir,zhml,zhx,zhy,zhfwj,hyml,hyx,hyy,hyfwj,
            yhml,yhx,yhy,yhfwj,hzml,hzx,hzy,hzfwj,hzml[i],x,y,fwj);
    fprintf(f,"pline % lf,% lf w 0.0 0.0 % lf,% lf \n",JDx[i],JDy[i],x,y);
}

//标注交点
ang=90- JDFwj[0]* 180.0/PI;
Px=JDx[0]+3.0* sin(PI+JDFwj[0]);
Py=JDy[0]+3.0* cos(PI+JDFwj[0]);
fprintf(f,"text j mc % lf,% lf % lf % lf % s\n",Px,Py,2.0,ang, JDname[0]);
for(i=1; i<JDn-1; i++)
{
    ang=JDFwj [i-1]+0.5* JDZxj [i];
    if(JDZxj[i]>0.0)
        ang=ang+0.5* PI;
    else
        ang=ang- 0.5* PI;
```

```
        Px = JDx[i]+3.0* cos(ang);
        Py = JDy[i]+3.0* sin(ang);
        ang = 90- ( JDFwj[i- 1]+0.5* JDZxj[i])* 180.0/PI;
        fprintf(f,"text j m % lf,% lf % lf % lf % s\n",Px,Py,2.0,ang,JDname[i]);
    }


    ang = 90- JDFwj[JDn- 1]* 180.0/PI;
    Px = JDx[JDn- 1]+3.0* sin(JDFwj[JDn- 1]);
    Py = JDy[JDn- 1]+3.0* cos(JDFwj[JDn- 1]);
    fprintf(f,"text j mc % lf,% lf % lf % lf % s\n",Px,Py,2.0,ang,JDname[JDn- 1]);
    //标注交点完毕

    //标注曲线要素
    for(i = 1; i<JDn- 1; i++)
    {
        ang = JDFwj[i- 1]+0.5* JDZxj[i];
        if(JDZxj[i]>0.0)
            ang = ang- 0.5* PI;
        else
            ang = ang+0.5* PI;
        RadianToAlfDms(JDZxj[i],str);
        Px = JDx[i]+15.0* cos(ang);
        Py = JDy[i]+15.0* sin(ang);
        a = 90- ( JDFwj[i- 1]+0.5* JDZxj[i])* 180.0/PI;
        fprintf(f,"text j m % lf,% lf % lf % lf % s\n",Px,Py,2.0,a,str);
        Px = JDx[i]+12.0* cos(ang);
        Py = JDy[i]+12.0* sin(ang);
        a = 90- 0.5* (JDFwj[i- 1]+JDFwj[i])* 180.0/PI;
        fprintf(f,"text j m % lf,% lf % lf % lf R—% 0.0lf\n",Px,Py,2.0,a,JDr[i]);
    }    //标注曲线要素

    //标主点
    for(i = 1; i<JDn- 1; i++)
    {
        //zh
        Pang = 0.5* PI- (zhfwj[i]+0.5* JDdir[i]* PI);
        CreateMainPointMileage("ZH",zhml[i],str);
        k = (int)strlen(str);
```

```
fprintf(f,"pline ");
fprintf(f,"% lf,% lf ",zhx[i],zhy[i]);
fprintf(f,"w % lf % lf ",0.0,0.0);        //设置宽度
Px=zhx[i]+0.75* k* 3.0* cos(Pang)+3.0* cos(Pang);
Py=zhy[i]+0.75* k* 3.0* sin(Pang)+3.0* sin(Pang);
fprintf(f,"% lf,% lf \n",Px,Py);
Px=zhx[i]+0.5* 0.75* k* 3.0* cos(Pang)+3.0* cos(Pang)+
    3.0* cos(Pang- 0.5* PI* JDdir[i]);
Py=zhy[i]+0.5* 0.75* k* 3.0* sin(Pang)+3.0* sin(Pang)+
    3.0* sin(Pang- 0.5* PI* JDdir[i]);
fprintf(f,"text j mc % lf,% lf % lf % lf % s\n",
        Px,Py,3.0,(Pang+(JDdir[i]+1)* 0.5* PI)* 180.0/PI,str);


//hy
Pang=0.5* PI- (hyfwj[i]+0.5* JDdir[i]* PI);
CreateMainPointMileage("HY",hyml[i],str);
k=(int)strlen(str);
fprintf(f,"pline ");
fprintf(f,"% lf,% lf ",hyx[i],hyy[i]);
fprintf(f,"w % lf % lf ",0.0,0.0);        //设置宽度
Px=hyx[i]+0.75* k* 3.0* cos(Pang)+3.0* cos(Pang);
Py=hyy[i]+0.75* k* 3.0* sin(Pang)+3.0* sin(Pang);
fprintf(f,"% lf,% lf \n",Px,Py);
Px=hyx[i]+0.5* 0.75* k* 3.0* cos(Pang)+3.0* cos(Pang)+
    3.0* cos(Pang- 0.5* PI* JDdir[i]);
Py=hyy[i]+0.5* 0.75* k* 3.0* sin(Pang)+3.0* sin(Pang)+
    3.0* sin(Pang- 0.5* PI* JDdir[i]);
fprintf(f,"text j mc % lf,% lf % lf % lf % s\n",
        Px,Py,3.0,(Pang+(JDdir[i]+1)* 0.5* PI)* 180.0/PI,str);


//yh
Pang=0.5* PI- (yhfwj[i]+0.5* JDdir[i]* PI);
CreateMainPointMileage("YH",yhml[i],str);
k=(int)strlen(str);
fprintf(f,"pline ");
fprintf(f,"% lf,% lf ",yhx[i],yhy[i]);
fprintf(f,"w % lf % lf ",0.0,0.0);        //设置宽度
Px=yhx[i]+0.75* k* 3.0* cos(Pang)+3.0* cos(Pang);
```

```
        Py = yhy[i]+0.75* k* 3.0* sin(Pang)+3.0* sin(Pang);
        fprintf(f,"% lf,% lf \n",Px,Py);
        Px = yhx[i]+0.5* 0.75* k* 3.0* cos(Pang)+3.0* cos(Pang)+
            3.0* cos(Pang- 0.5* PI* JDdir[i]);
        Py = yhy[i]+0.5* 0.75* k* 3.0* sin(Pang)+3.0* sin(Pang)+
            3.0* sin(Pang- 0.5* PI* JDdir[i]);
        fprintf(f,"text j mc % lf,% lf % lf % lf % s \n",
                Px,Py,3.0,(Pang+(JDdir[i]+1)* 0.5* PI)* 180.0/PI,str);


        //hz
        Pang = 0.5* PI- (hzfwj[i]+0.5* JDdir[i]* PI);
        CreateMainPointMileage("HZ",hzml[i],str);
        k = (int)strlen(str);
        fprintf(f,"pline ");
        fprintf(f,"% lf,% lf ",hzx[i],hzy[i]);
        fprintf(f,"w % lf % lf ",0.0,0.0);          //设置宽度
        Px = hzx[i]+0.75* k* 3.0* cos(Pang)+3.0* cos(Pang);
        Py = hzy[i]+0.75* k* 3.0* sin(Pang)+3.0* sin(Pang);
        fprintf(f,"% lf,% lf \n",Px,Py);
        Px = hzx[i]+0.5* 0.75* k* 3.0* cos(Pang)+3.0* cos(Pang)+
            3.0* cos(Pang- 0.5* PI* JDdir[i]);
        Py = hzy[i]+0.5* 0.75* k* 3.0* sin(Pang)+3.0* sin(Pang)+
            3.0* sin(Pang- 0.5* PI* JDdir[i]);
        fprintf(f,"text j mc % lf,% lf % lf % lf % s \n",
                Px,Py,3.0,(Pang+(JDdir[i]+1)* 0.5* PI)* 180.0/PI,str);
    }


//绘线路中心线
dtl = 50.0;    //间隔长度
k = 0;
CmlSegSml[0] = 0.0;
CmlSegKind[0] = 0;
for(i = 0; i<TUNn; i++)
{
    CmlSegEml[k] = TUNsml[i];
    k++;
    CmlSegSml[k] = TUNsml[i];
    CmlSegEml[k] = TUNeml[i];
```

```
        CmlSegKind[k] = 1;
        k++;
        CmlSegSml[k] = TUNeml[i];
        CmlSegKind[k] = 0;
    }
    CmlSegEml[k] = zhml[JDn-1];
    CmlSegNum = k+1;

    LINEw = 0.7;                //线宽为0.7
    for(i = 0; i<CmlSegNum; i++)
    {
        if(CmlSegKind[i] = = 0)
            fprintf(f,"- linetype s continuous \n");
        else
            fprintf(f,"- linetype s dashed \n");

        cmltoxya(JDn,JDr,JDlo,JDdir,zhml,zhx,zhy,zhfwj,hyml,hyx,hyy,hyfwj,yhml,yhx,
                yhy,yhfwj,hzml,hzx,hzy,hzfwj, CmlSegSml[i],Px,Py,Pang);
        printf("cmlseg- sml = % lf\n",CmlSegSml[i]);
        fprintf(f,"pline ");
        fprintf(f,"% lf,% lf ",Px,Py);
        fprintf(f,"w % lf % lf ",LINEw,LINEw);        //设置宽度
        for(cml = CmlSegSml[i]+dtl; cml<CmlSegEml[i]; cml = cml+dtl)
        {
            cmltoxya(JDn,JDr,JDlo,JDdir,zhml,zhx,zhy,zhfwj,hyml,hyx,hyy,hyfwj,yhml,
                    yhx,yhy,yhfwj,hzml,hzx,hzy,hzfwj,cml,Px,Py,Pang);
            fprintf(f,"% lf,% lf ",Px,Py);
        }
        cmltoxya(JDn,JDr,JDlo,JDdir,zhml,zhx,zhy,zhfwj,hyml,hyx,hyy,hyfwj, yhml,yhx,
                yhy,yhfwj,hzml,hzx,hzy,hzfwj, CmlSegEml[i],Px,Py,Pang);
        fprintf(f,"% lf,% lf ",Px,Py);
        fprintf(f,"\n");
    }
    //绘线路中心线完毕!

    //平面图上写起始里程及公里标
    cml = start_ml-（int)(start_ml/1000.0)* 1000.0;
    if(cml>0.00001)
```

```
        cml = 1000.0- cml；
else
        cml = 0.0；

for(；cml<zhml［JDn- 1］；cml = cml+1000.0)
{
        cmltoxya(JDn，JDr，JDlo，JDdir，zhml，zhx，zhy，zhfwj，hyml，hyx，hyy，hyfwj，yhml，yhx，
                yhy，yhfwj，hzml，hzx，hzy，hzfwj，cml，Px，Py，Pang)；
        fprintf(f，"pline ")；
        fprintf(f，"% lf，% lf "，Px，Py)；
        fprintf(f，"w % lf % lf "，0.0，0.0)；        //设置宽度
        Px = Px+1.5*  sin(Pang- 0.5*  PI)；
        Py = Py+1.5*  cos(Pang- 0.5*  PI)；
        fprintf(f，"% lf，% lf "，Px，Py)；
        fprintf(f，"\n")；

        ang = 180.0/PI*  (PI- Pang)；
        Px = Px+0.5*  sin(Pang- 0.5*  PI)；
        Py = Py+0.5*  cos(Pang- 0.5*  PI)；
        sprintf(str，"AK% d"，(int)((cml+start_ml)/1000.0+0.001))；
        fprintf(f，"text j ml % lf，% lf % lf % lf % s\n"，Px，Py，2.0，ang，str)；
}
//写公里标完毕！

//写百米标
i = 0；
cml = start_ml- (int)(start_ml/100.0)*  100.0；
if(cml>0.00001)
        cml = 100.0- cml；
else
        cml = 100.0；

for(cml = 100.0；cml<zhml［JDn- 1］；cml = cml+100.0)
{
        if((cml+start_ml)- (int)((cml+start_ml)/1000.0)*  1000<0.001) continue；  //公里标
        if((cml+start_ml)- (int)((cml+start_ml)/1000.0)*  1000>999.999) continue；  //公里标
        cmltoxya(JDn，JDr，JDlo，JDdir，zhml，zhx，zhy，zhfwj，hyml，hyx，hyy，hyfwj，yhml，
                yhx，yhy，yhfwj，hzml，hzx，hzy，hzfwj，cml，Px，Py，Pang)；
```

```
        fprintf(f,"pline ");
        fprintf(f,"% lf,% lf ",Px,Py);
        fprintf(f,"w % lf % lf ",0.0,0.0);          //设置宽度
        Px=Px+1.5* sin(Pang- 0.5* PI);
        Py=Py+1.5* cos(Pang- 0.5* PI);
        fprintf(f,"% lf,% lf ",Px,Py);
        fprintf(f,"\n");

        i=(int)((cml+start_ml)/100.0+0.001);
        i=i- (i/10)* 10;
        ang=180.0/PI* (PI- Pang);
        Px=Px+0.5* sin(Pang- 0.5* PI);
        Py=Py+0.5* cos(Pang- 0.5* PI);
        fprintf(f,"text j ml % lf,% lf % lf % lf % d \n",Px,Py,2.0,ang,i);
}
//写百米标完毕!

//桥梁
for(i=0; i<BRln; i++)
{
        cmltoxya(JDn,JDr,JDlo,JDdir,zhml,zhx,zhy,zhfwj,hyml,hyx,hyy,hyfwj,yhml,yhx,
                yhy,yhfwj,hzml,hzx,hzy,hzfwj,BRlsml[i],x,y,a);
        a=0.5* PI- a;
        fprintf(f,"pline ");
        fprintf(f,"% lf,% lf ",x,y);
        fprintf(f,"w % lf % lf ",0.5,0.5);          //设置宽度
        d=3.0;
        Px=x+d* cos(a+0.5* PI);
        Py=y+d* sin(a+0.5* PI);
        fprintf(f,"% lf,% lf ",Px,Py);
        d=2.0;
        Px=Px+d* cos(a+0.75* PI);
        Py=Py+d* sin(a+0.75* PI);
        fprintf(f,"% lf,% lf ",Px,Py);
        fprintf(f,"\n");

        fprintf(f,"pline ");
        fprintf(f,"% lf,% lf ",x,y);
```

```
fprintf(f,"w % lf % lf ",0.5,0.5);          //设置宽度
d=3.0;
Px=x+d* cos(a- 0.5* PI);
Py=y+d* sin(a- 0.5* PI);
fprintf(f,"% lf,% lf ",Px,Py);
d=2.0;
Px=Px+d* cos(a- 0.75* PI);
Py=Py+d* sin(a- 0.75* PI);
fprintf(f,"% lf,% lf ",Px,Py);
fprintf(f,"\n");


cmltoxya(JDn,JDr,JDlo,JDdir,zhml,zhx,zhy,zhfwj,hyml,hyx,hyy,hyfwj,yhml,yhx,
        yhy,yhfwj,hzml,hzx,hzy,hzfwj,BRleml[i],x,y,a);
a=0.5* PI- a;
fprintf(f,"pline ");
fprintf(f,"% lf,% lf ",x,y);
fprintf(f,"w % lf % lf ",0.5,0.5);          //设置宽度
d=3.0;
Px=x+d* cos(a+0.5* PI);
Py=y+d* sin(a+0.5* PI);
fprintf(f,"% lf,% lf ",Px,Py);
d=2.0;
Px=Px+d* cos(a+0.25* PI);
Py=Py+d* sin(a+0.25* PI);
fprintf(f,"% lf,% lf ",Px,Py);
fprintf(f,"\n");


fprintf(f,"pline ");
fprintf(f,"% lf,% lf ",x,y);
fprintf(f,"w % lf % lf ",0.5,0.5);          //设置宽度
d=3.0;
Px=x+d* cos(a- 0.5* PI);
Py=y+d* sin(a- 0.5* PI);
fprintf(f,"% lf,% lf ",Px,Py);
d=2.0;
Px=Px+d* cos(a- 0.25* PI);
Py=Py+d* sin(a- 0.25* PI);
fprintf(f,"% lf,% lf ",Px,Py);
```

```
fprintf(f,"\n");

d=3.0;
Px=x+d* cos(a-0.5* PI);
Py=y+d* sin(a-0.5* PI);
fprintf(f,"pline ");
fprintf(f,"% lf,% lf ",Px,Py);
fprintf(f,"w % lf % lf ",0.5,0.5);        //设置宽度
for(cml=BRleml[i]-5.0; cml>BRIsml[i]; cml=cml-5.0)
{
     cmltoxya(JDn,JDr,JDlo,JDdir,zhml,zhx,zhy,zhfwj,hyml,hyx,hyy,hyfwj,yhml,
             yhx,yhy,yhfwj,hzml,hzx,hzy,hzfwj,cml,x,y,a);
     a=0.5* PI-a;
     Px=x+d* cos(a-0.5* PI);
     Py=y+d* sin(a-0.5* PI);
     fprintf(f,"% lf,% lf ",Px,Py);
}
cmltoxya(JDn,JDr,JDlo,JDdir,zhml,zhx,zhy,zhfwj,hyml,hyx,hyy,hyfwj,yhml,
         yhx,yhy,yhfwj,hzml,hzx,hzy,hzfwj,BRIsml[i],x,y,a);
a=0.5* PI-a;
Px=x+d* cos(a-0.5* PI);
Py=y+d* sin(a-0.5* PI);
fprintf(f,"% lf,% lf ",Px,Py);
fprintf(f,"\n");

d=3.0;
Px=x+d* cos(a+0.5* PI);
Py=y+d* sin(a+0.5* PI);
fprintf(f,"pline ");
fprintf(f,"% lf,% lf ",Px,Py);
fprintf(f,"w % lf % lf ",0.5,0.5);        //设置宽度
for(cml=BRIsml[i]+5.0; cml<BRIeml[i]; cml=cml+5.0)
{
     cmltoxya(JDn,JDr,JDlo,JDdir,zhml,zhx,zhy,zhfwj,hyml,hyx,hyy,hyfwj,yhml,
             yhx,yhy,yhfwj,hzml,hzx,hzy,hzfwj,cml,x,y,a);
     a=0.5* PI-a;
     Px=x+d* cos(a+0.5* PI);
     Py=y+d* sin(a+0.5* PI);
```

```
        fprintf(f,"% lf,% lf ",Px,Py);
    }
    cmltoxya(JDn,JDr,JDlo,JDdir,zhml,zhx,zhy,zhfwj,hyml,hyx,hyy,hyfwj,yhml,
            yhx,yhy,yhfwj,hzml,hzx,hzy,hzfwj,BRIeml[i],x,y,a);
    a=0.5* PI- a;
    Px=x+d* cos(a+0.5* PI);
    Py=y+d* sin(a+0.5* PI);
    fprintf(f,"% lf,% lf ",Px,Py);
    fprintf(f,"\n");

    //写桥名及中心里程
    sprintf(str,"L—% lf",BRIeml[i]- BRIsml[i]);
    k=(int)strlen(str);
    cmltoakml(start_ml,0.5* (BRIsml[i]+BRIeml[i]),akml);
    sprintf(str,"% s% s",BRIname[i],akml);
    if(k<(int)strlen(str)) k=(int)strlen(str);

    cmltoxya(JDn,JDr,JDlo,JDdir,zhml,zhx,zhy,zhfwj,hyml,hyx,hyy,hyfwj,yhml,
            yhx,yhy,yhfwj,hzml,hzx,hzy,hzfwj,0.5* (BRIeml[i]+BRIsml[i]),x,y,a);
    a=0.5* PI- a;
    fprintf(f,"pline ");
    fprintf(f,"% lf,% lf ",x,y);
    fprintf(f,"w % lf % lf ",0.0,0.0);        //设置宽度
    Px=x+0.75* k* 3.0* cos(0.5* PI+a)+3.0* cos(0.5* PI+a);
    Py=y+0.75* k* 3.0* sin(0.5* PI+a)+3.0* sin(0.5* PI+a);
    fprintf(f,"% lf,% lf \n",Px,Py);

    Px=x+0.5* 0.75* k* 3.0* cos(0.5* PI+a)+3.0* cos(0.5* PI+a)+3.0* cos(a);
    Py=y+0.5* 0.75* k* 3.0* sin(0.5* PI+a)+3.0* sin(0.5* PI+a)+3.0* sin(a);
    fprintf(f,"text j mc % lf,% lf % lf % lf % s\n",Px,Py,3.0,(0.5* PI+a)* 180.0/PI,str);

    sprintf(str,"L—% 0.3lf",BRIeml[i]- BRIsml[i]);
    Px=x+0.5* 0.75* k* 3.0* cos(0.5* PI+a)+3.0* cos(0.5* PI+a)+3.0* cos(a+PI);
    Py=y+0.5* 0.75* k* 3.0* sin(0.5* PI+a)+3.0* sin(0.5* PI+a)+3.0* sin(a+PI);
    fprintf(f,"text j mc % lf,% lf % lf % lf % s\n",Px,Py,3.0,(0.5* PI+a)* 180.0/PI,str);
}


//隧道
```

```
for(i=0; i<TUNn; i++)
{
    cmltoxya(JDn,JDr,JDlo,JDdir,zhml,zhx,zhy,zhfwj,hyml,hyx,hyy,hyfwj,yhml,
            yhx,yhy,yhfwj,hzml,hzx,hzy,hzfwj,TUNsml[i],x,y,a);
    a=0.5* PI- a;
    fprintf(f,"pline ");
    fprintf(f,"% lf,% lf ",x,y);
    fprintf(f,"w % lf % lf ",0.5,0.5);        //设置宽度
    d=3.0;
    Px=x+d* cos(a+0.5* PI);
    Py=y+d* sin(a+0.5* PI);
    fprintf(f,"% lf,% lf ",Px,Py);
    d=2.0;
    Px=Px+d* cos(a+0.75* PI);
    Py=Py+d* sin(a+0.75* PI);
    fprintf(f,"% lf,% lf ",Px,Py);
    fprintf(f,"\n");

    fprintf(f,"pline ");
    fprintf(f,"% lf,% lf ",x,y);
    fprintf(f,"w % lf % lf ",0.5,0.5);        //设置宽度
    d=3.0;
    Px=x+d* cos(a- 0.5* PI);
    Py=y+d* sin(a- 0.5* PI);
    fprintf(f,"% lf,% lf ",Px,Py);
    d=2.0;
    Px=Px+d* cos(a- 0.75* PI);
    Py=Py+d* sin(a- 0.75* PI);
    fprintf(f,"% lf,% lf ",Px,Py);
    fprintf(f,"\n");

    cmltoxya(JDn,JDr,JDlo,JDdir,zhml,zhx,zhy,zhfwj,hyml,hyx,hyy,hyfwj,yhml,
            yhx,yhy,yhfwj,hzml,hzx,hzy,hzfwj,TUNeml[i],x,y,a);
    a=0.5* PI- a;
    fprintf(f,"pline ");
    fprintf(f,"% lf,% lf ",x,y);
    fprintf(f,"w % lf % lf ",0.5,0.5);        //设置宽度
    d=3.0;
```

```
Px = x+d* cos(a+0.5* PI);
Py = y+d* sin(a+0.5* PI);
fprintf(f,"% lf,% lf ",Px,Py);
d = 2.0;
Px = Px+d* cos(a+0.25* PI);
Py = Py+d* sin(a+0.25* PI);
fprintf(f,"% lf,% lf ",Px,Py);
fprintf(f,"\n");


fprintf(f,"pline ");
fprintf(f,"% lf,% lf ",x,y);
fprintf(f,"w % lf % lf ",0.5,0.5);        //设置宽度
d = 3.0;
Px = x+d* cos(a- 0.5* PI);
Py = y+d* sin(a- 0.5* PI);
fprintf(f,"% lf,% lf ",Px,Py);
d = 2.0;
Px = Px+d* cos(a- 0.25* PI);
Py = Py+d* sin(a- 0.25* PI);
fprintf(f,"% lf,% lf ",Px,Py);
fprintf(f,"\n");



sprintf(str,"% s% 0.1lfm",TUNname[i],TUNeml[i]- TUNsml[i]);
k = (int)strlen(str);


cmltoxya(JDn,JDr,JDlo,JDdir,zhml,zhx,zhy,zhfwj,hyml,hyx,hyy,hyfwj,yhml,yhx,
        yhy,yhfwj,hzml,hzx,hzy,hzfwj,0.5* (TUNeml[i]+TUNsml[i]),x,y,a);
a = 0.5* PI- a;
fprintf(f,"pline ");
fprintf(f,"% lf,% lf ",x,y);
fprintf(f,"w % lf % lf ",0.0,0.0);        //设置宽度
Px = x+0.75* k* 3.0* cos(0.5* PI+a)+3.0* cos(0.5* PI+a);
Py = y+0.75* k* 3.0* sin(0.5* PI+a)+3.0* sin(0.5* PI+a);
fprintf(f,"% lf,% lf \n",Px,Py);


Px = x+0.5* 0.75* k* 3.0* cos(0.5* PI+a)+3.0* cos(0.5* PI+a)+3.0* cos(a+PI);
Py = y+0.5* 0.75* k* 3.0* sin(0.5* PI+a)+3.0* sin(0.5* PI+a)+3.0* sin(a+PI);
```

```
        fprintf(f,"text j mc % lf,% lf % lf % lf % s \n",Px,Py,3.0,(0.5* PI+a)* 180.0/PI,str);
}


//车站
for(i=0；i<STAn；i++)
{
        cmltoxya(JDn,JDr,JDlo,JDdir,zhml,zhx,zhy,zhfwj,hyml,hyx,hyy,hyfwj,yhml,yhx,
                yhy,yhfwj,hzml,hzx,hzy,hzfwj,STAcml[i],x,y,a);
        a=0.5* PI- a;
        //绘车站标志
        cmltoakml(start_ml,STAcml[i],akml);
        d=(0.75* 3.0* strlen(akml)+12.0);
        r=5.0；
        w=2.0；

        xe=x+d* cos(a+0.5* PI);
        ye=y+d* sin(a+0.5* PI);

        fprintf(f,"pline ");
        fprintf(f,"% lf,% lf ",x,y);
        fprintf(f,"w % lf % lf ",0.0,0.0);            //设置宽度
        fprintf(f,"% lf,% lf \n",xe,ye);

        //圆心
        xo=xe+r* cos(a+1.5* PI);
        yo=ye+r* sin(a+1.5* PI);
        fprintf(f,"circle % lf,% lf % lf\n",xo,yo,r);

        x1=xo+(r- 0.5* w)* cos(a+0.5* PI);
        y1=yo+(r- 0.5* w)* sin(a+0.5* PI);
        x3=xo+(r- 0.5* w)* cos(a+1.5* PI);
        y3=yo+(r- 0.5* w)* sin(a+1.5* PI);

        if(strcmp(STAside[i],"左侧站房")= = 0)
        {
                x2=xo+(r- 0.5* w)* cos(a+PI);
                y2=yo+(r- 0.5* w)* sin(a+PI);
        }
```

```
        else
        {
            x2 = xo+(r- 0.5* w)* cos(a);
            y2 = yo+(r- 0.5* w)* sin(a);
        }
        fprintf(f,"pline % lf,% lf w % lf % lf a s % lf,% lf % lf,% lf \n",x1,y1,w,w,x2,y2,x3,y3);

        //写车站名
        d = 0.5* (0.75* 3.0* strlen(akml)+2.0);
        Px = x+d* cos(a+0.5* PI)+2.0* cos(a+PI);
        Py = y+d* sin(a+0.5* PI)+2.0* sin(a+PI);
        fprintf(f,"text j mc % lf,% lf % lf % lf % s\n",Px,Py,3.0,a* 180.0/PI+90.0,akml);

        d = (0.75* 3.0* strlen(akml)+18.0);
        Px = x+d* cos(a+0.5* PI);
        Py = y+d* sin(a+0.5* PI);
        fprintf(f,"text j mc % lf,% lf % lf % lf % s\n",Px,Py,6.0,a* 180.0/PI,STAname[i]);
    }

    fprintf(f,"zoom e\n");
    fclose(f);
    return;
}
```

第 4 章

纵断面数字化设计

由于地势高低起伏等自然因素的影响，顾及经济效益要求，公路线路纵断面是由若干长度不同、陡缓各异的坡段组成的，在坡段转折处，为保证行车安全、舒适及视距要求，在变坡点处设置竖曲线平顺过渡。纵断面设计数据包括平面数据及纵断面地面线数据。纵断面地面线是一条折线，用里程及高程两个量描述，表示线路中心地面的高低起伏。纵断面设计线一般用变坡点处的高程、里程及竖曲线半径来描述，纵断面设计应综合考虑工程与运营要求，合理确定线路的变坡点位置、坡段的纵坡及竖曲线，在此基础上，实现任意里程点的设计高程及施工标高计算。

4.1 判断竖曲线类型

竖曲线通常有两种形式：一种是常见的圆弧形竖曲线；另一种是抛物线形竖曲线，该类型竖曲线通常由一定变坡率的 20 m 短坡段连接而成。上述两种类型竖曲线在适用范围上几乎没有差别，铁路设计一般采用圆弧形竖曲线。设变坡点两侧坡段的坡度分别为 i_1‰和 i_2‰，令 $\omega = i_2 - i_1$，当 ω 为正时，变坡点在曲线下方，竖曲线为凹曲线；ω 为负时，变坡点在曲线上方，竖曲线为凸曲线，如图 4-1 所示。

```
int KindofVerticalCurve(double cml1,double h1,double cml2,double h2,double cml3,
                double h3)
{
    int kind;
    double i1,i2,w;
```

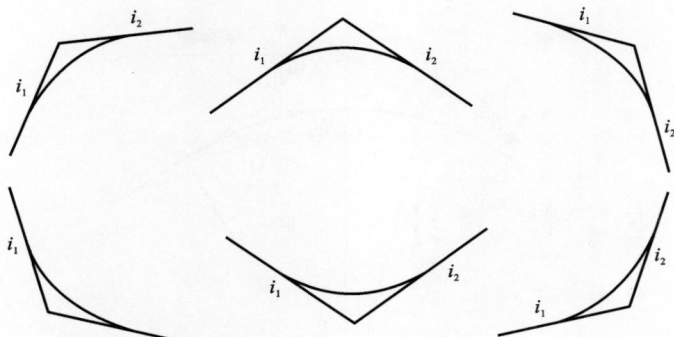

图 4-1　竖曲线类型

```
i1 = (h2- h1)/(cml2- cml1);
i2 = (h3- h2)/(cml3- cml2);
w = i2- i1;
if(w>0.0)
        kind = - 1;              //凹形竖曲线
else  if(w<0.0)
        kind = 1;               //凸形竖曲线
else
        kind = 0;               //三个相邻的变坡点共线

return kind;
}
```

4.2　计算竖曲线要素

计算竖曲线要素需获取竖曲线对应变坡点的竖曲线半径 R_{SH}、里程 cml_2、高程 h_2；与该变坡点相邻的前、后两变坡点的里程及高程 cml_1、h_1 及 cml_3、h_3，计算竖曲线要素如图 4-2 所示。

$$i_1 = \frac{h_2-h_1}{cml_2-cml_1} \times 1000(‰)\,, \quad i_2 = \frac{h_3-h_2}{cml_3-cml_2} \times 1000(‰)\,, \quad \Delta i = |\,i_2-i_1\,|\,(‰)$$

竖曲线切线长 $T_{SH} = \dfrac{R_{sh}\Delta i}{2000}(\mathrm{m})$。

竖曲线长 $L \approx 2T_{SH}(\mathrm{m})$。

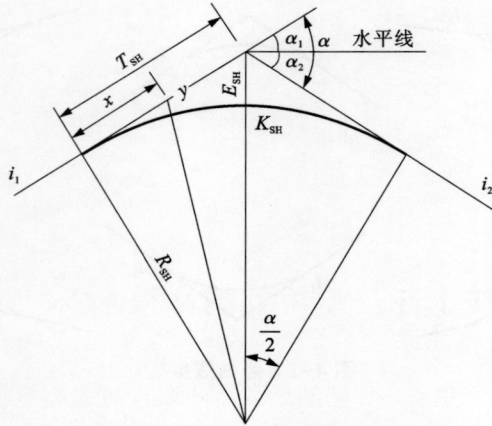

图 4-2　计算竖曲线要素

```
void CalVerticalCurve(int iRgrade, double cml1, double h1, double cml2, double h2,
                double cml3, double h3, double Rsh, double &T, double &L)
{
    double i1, i2, w;
    T = 0.0;
    L = 0.0;
    i1 = (h2- h1)/(cml2- cml1);
    i2 = (h3- h2)/(cml3- cml2);
    w = fabs(i2- i1);
    if((iRgrade< = 2&&w>0.003)||(iRgrade> = 3&&w>0.004))
    {
        L = Rsh* w;
        T = 0.5* L;
    }
}
```

4.3　计算直线坡段上任一里程处的高程

设直线坡段的起始里程为 $scml$、起始高程为 sh、终止里程为 $ecml$、终止高程为 eh，则其上任一里程 cml 处的高程 h 可通过内插获取。

$$h = sh + (eh - sh)(cml - scml)/(ecml - scml)$$

```
double CalShoulderLevelOnLine(double scml,double sh,double ecml,double eh,double cml)
{
    double i,h;
    i=(eh- sh)/(ecml- scml);
    h=sh+(cml- scml)* i;
    return h;
}
```

4.4　计算竖曲线上任一里程处的高程

　　计算竖曲线上任一里程 cml 处的高程需获取竖曲线起点里程 $scml$、起始高程 sh、终止里程 $ecml$、起点处线路坡度 i_1、竖曲线半径 R_{SH} 及竖曲线类型 $kind$（凸形竖曲线取-1，凹形竖曲线取 1），计算图式如图 4-2 所示。

　　设 x 为切线上计算点至竖曲线起点的距离，则 $x=cml-scml$。

　　该点处的竖曲线纵距 $y=\dfrac{x^2}{2R_{SH}}(m)$，该点处的高程为 $sh+(cml-scml)\times i_1+y\times kind$。

```
double CalShoulderLeveOnVerticalCurve (double scml,double sh, double i1,double ecml,
                                       double Rsh,int kind,double cml)
{
    double h;
    h=- 100000.0;
    if(cml>=scml- 0.001&&cml<ecml+0.001)
    {
        h=sh+(cml- scml)* i1- 0.5* kind* (cml- scml)* (cml- scml)/Rsh;
    }
    return h;
}
```

4.5　纵断面分段

　　纵断面设计线是由直线及竖曲线组成的。纵断面分段就是将纵断面分成直线段与曲线段，并记录这些分段的相关资料，供计算任一里程路肩高程使用。

```
void SlopeToVseg(int SLOPEn,double * SLOPEcml,double * SLOPEh,double * SlopeR,
                 int &VSEGn,int * VSEGkind,int * VSEGdir,double * VSEGsml,
```

```
                double * VSEGeml, double * VSEGsh, double * VSEGeh, double * VSEGr)
{
    int i;
    double Tsh, Lsh;

    VSEGn = 0;
    if(SLOPEn<2) return;

    if(SLOPEn = = 2)
    {
        VSEGkind[VSEGn] = 0;      //直线段
        VSEGsh[VSEGn] = SLOPEh[0];
        VSEGsml[VSEGn] = 0.0;
        VSEGeml[VSEGn] = SLOPEcml[SLOPEn- 1];
        VSEGeh[VSEGn] = SLOPEh[SLOPEn- 1];
        VSEGr[VSEGn] = 0.0;
        VSEGn = VSEGn+1;
        return;
    }

    for(i = 1; i<SLOPEn- 1; i++)
    {
        CalVerticalCurve(SLOPEcml[i- 1], SLOPEh[i- 1], SLOPEcml[i], SLOPEh[i],
                    SLOPEcml[i+1], SLOPEh[i+1], SlopeR[i], Tsh, Lsh);

        if(VSEGn = = 0)
        {
            VSEGsh[VSEGn] = SLOPEh[0];
            VSEGsml[VSEGn] = 0.0;
        }
        else
        {
            VSEGsh[VSEGn] = VSEGeh[VSEGn- 1];
            VSEGsml[VSEGn] = VSEGeml[VSEGn- 1];
        }

        VSEGr[VSEGn] = 0.0;
        VSEGeml[VSEGn] = SLOPEcml[i] - Tsh;
```

```
            VSEGeh[VSEGn] = SLOPEh[i];
            VSEGkind[VSEGn] = 0;      //直线段
            VSEGn = VSEGn+1;

            if(Tsh>0.1)
            {
                //有竖曲线
                VSEGr[VSEGn] = SlopeR[i];
                VSEGkind[VSEGn] = 1;              //曲线段
                VSEGdir[VSEGn] = KindofVerticalCurve(SLOPEcml[i-1],SLOPEh[i-1],
                SLOPEcml[i],SLOPEh[i],SLOPEcml[i+1],SLOPEh[i+1]);

                VSEGsh[VSEGn] = VSEGeh[VSEGn-1];
                VSEGeh[VSEGn] = SLOPEh[i]+Tsh* (SLOPEh[i+1]-SLOPEh[i])/
                (SLOPEcml[i+1]-SLOPEcml[i]);

                VSEGsml[VSEGn] = VSEGeml[VSEGn-1];
                VSEGeml[VSEGn] = VSEGsml[VSEGn]+Lsh;

                VSEGn = VSEGn+1;
            }
        }

        VSEGr[VSEGn] = 0.0;
        VSEGsh[VSEGn] = VSEGeh[VSEGn-1];
        VSEGeh[VSEGn] = SLOPEh[SLOPEn-1];

        VSEGsml[VSEGn] = VSEGeml[VSEGn-1];
        VSEGeml[VSEGn] = SLOPEcml[SLOPEn-1];
        VSEGkind[VSEGn] = 0;      //直线段
        VSEGn = VSEGn+1;

        return;
    }
```

4.6　任一里程处路肩高程计算

先利用纵断面分段数据判断指定里程是在直线上还是在竖曲线上，然后根据前述直线或竖曲线上任一里程处高程计算方法即可计算出该里程处的路肩高程。

```
void CalShoulderLevel(double cml,int VSEGn,int * VSEGkind,int * VSEGdir,
                      double * VSEGsml,double * VSEGeml,double * VSEGsh,
                      double * VSEGeh,double * VSEGr,double &h)
{
    int i,k;
    double dis,t,si;

    k=-1;
    for(i=0; i<VSEGn; i++)
    {
        if(cml>=VSEGsml[i]-0.001&&cml<=VSEGeml[i]+0.001)
        {
            k=i;
            break;
        }
    }

    dis=cml-VSEGsml[k];
    if(VSEGkind[k]==1)        //在竖曲线上
    {
        si=(VSEGeh[k-1]-VSEGsh[k-1])/(VSEGeml[k-1]-VSEGsml[k-1]);
        h=CalShoulderLeveOnVerticalCurve(VSEGsml[k],VSEGsh[k],si,VSEGeml[k],
                                         VSEGr[k],VSEGdir[k],cml);
    }
    else
    {
        //在直线上
        h=CalShoulderLevelOnLine(VSEGsml[k],VSEGsh[k],VSEGeml[k],VSEGeh[k],
                                 cml);
    }
}

double CalShoulderLevelOnLine(double scml,double sh,double ecml,double eh,double cml)
{
    double i,h;
    i=(eh-sh)/(ecml-scml);
    h=sh+(cml-scml)* i;
```

```
        return h;
    }

double CalShoulderLeveOnVerticalCurve(double scml,double sh,double si,
                              double ecml,double Rsh,int kind,double cml)
{
    double h;
    h = - 100000.0;
    if(cml> = scml- 0.001&&cml<ecml+0.001)
    {
        h = sh+(cml- scml)* si- 0.5* kind* (cml- scml)* (cml- scml)/Rsh;
    }
    return h;
}
```

4.7　最大坡度折减

　　客货共线铁路上，在需要用足最大坡度（包括限制坡度与加力牵引坡度）的地段，当线路平面上出现曲线和隧道时，列车受到的附加阻力增大，黏着系数降低，则按限制坡度计算的牵引吨数的货物列车在该设计坡度的持续上坡道上运行时，最终会以低于计算速度的速度运行，从而发生运缓事故，甚至造成途停，这是不允许的。为此，纵断面设计时，在曲线及隧道地段需将最大坡度值减缓，以保证普通货物列车以不低于计算速度或规定速度通过该地段。

1. 曲线折减

　　在曲线地段，货物列车受到曲线阻力的作用，其换算坡度与该坡段的坡度之和不得超过最大坡度，以保证列车不低于计算速度运行，故该坡段实际可使用的设计坡度为

$$i = i_{\max} - \Delta i_{\mathrm{R}}$$

两圆曲线间不小于 200 m 的直线段可设计为一个坡段，不予减缓，按最大坡度设计。

　　如坡段内只有一条曲线，且未加设缓和曲线时的圆曲线长度不小于近期货物列车长度 L_l，则该坡段的曲线折减值为：$\Delta i_{\mathrm{R}} = \dfrac{600}{R}(\%o)$。

　　如坡段内只有一条曲线，且未加设缓和曲线时的圆曲线长度小于近期货物列

车长度 L_l，则该坡段的曲线折减值为：$\Delta i_R = \dfrac{10.5\alpha}{\min(L_i, L_l)}$。

如坡段内有多条曲线，且坡段长度不大于近期货物列车长度 L_l，则该坡段的曲线折减值为：$\Delta i_R = \dfrac{10.5\sum\alpha}{\min(L_i, L_l)}$。如坡段内有多条曲线，且坡段长度大于近期货物列车长度 L_l，则应找出列车在其上运行时列车范围内 $\sum\alpha$ 的最大值，然后按上式进行计算。

一条曲线位于两个坡段上时，应按两个坡段所占曲线长度比例分配偏角，再按前述方法进行计算。

减缓时，涉及的曲线长度系未加设缓和曲线的曲线长度，涉及的货物列车长度应取近期货物列车长度。

2. 小半径曲线折减

内燃机车不需进行小半径曲线的黏降折减。电力机车在小半径曲线上运行时需进行小半径曲线折减，其折减值 Δi_μ 根据最大纵坡及曲线半径确定，如表 4-1 所示。

表 4-1　小半径曲线黏降折减值

R/m	i_{max}							
	4	6	9	12	15	20	25	30
450	0.20	0.25	0.35	0.45	0.55	0.70	0.90	1.00
400	0.35	0.50	0.65	0.85	1.05	1.35	1.65	1.95
350	0.50	0.70	1.00	1.25	1.50	2.00	2.45	2.90
300	0.70	0.90	1.30	1.65	2.00	2.60	3.20	3.80

3. 隧道折减

列车在隧道内运行时会受到隧道空气附加阻力的作用，因此最大坡度要相应进行折减。

内燃牵引时，为防止油烟、废气进入司机室，要提高列车通过隧道的速度。根据《列车牵引计算 第 1 部分：机车牵引式列车》（TB/T 1407.1—2018），内燃机车牵引列车通过长度小于或等于 1000 m 的隧道时，最低运行速度不得小于机车的计算速度 V_j，隧道长度大于 1000 m 时，不得低于 (V_j+5) km/h 的计算速度。为了保证列车的过洞速度，最大坡度 i_{max} 的折减值应为 $i_{max}-i_v$。其中 i_v 为规定的过洞速度下相应的均衡坡度值。

隧道内轨面较为潮湿,且黏附有烟尘、油垢,会使轮轨间黏着系数降低。隧道长度越长,黏降百分率越大,当黏降后的黏着力小于计算牵引力时,就需要进行黏降的坡度折减。但因电力、内燃机车的黏着系数公式已考虑了隧道内不利的轨面条件,所以此处不再考虑隧道黏降。

内燃机车通过隧道时,若速度过低,因散热条件不良,将引起柴油机功率下降;当双机重联时,第二节机车的功率降低更为严重。目前用提高内燃机车过洞速度的方法来减少功率降低,功率修正通过试验确定。

根据以上分析,电力牵引时,隧道内的最大坡度折减仅需考虑隧道空气附加阻力;内燃牵引除考虑隧道空气附加阻力外,还要考虑过洞速度的要求引起的坡度折减。

一般将隧道内的最大坡度折减值 Δi_s 换算为最大坡度系数 β_s,它与设计坡度的关系为:

$$i = i_{\max} - \Delta i_s = \left(1 - \frac{\Delta i_s}{i_{\max}}\right) i_{\max} = \beta_s i_{\max}$$

电力牵引时 $\beta_s = 1 - \dfrac{\omega_s}{i_{\max}}$。

内燃牵引时 $\beta_s = 1 - \dfrac{\omega_s + (i_{\max} - i_v)}{i_{\max}} = \dfrac{i_v - \omega_s}{i_{\max}}$。

《铁路线路设计规范》(TB 10098—2017)(以下简称《线规》)规定长度大于 400 m 的隧道应进行隧道坡度折减。最大坡度系数由牵引类型及隧道长度确定,其值如表 4-2 所示。

表 4-2 最大坡度系数

隧道长度/m	牵引类型	
	电力牵引	内燃牵引
400<L≤1000	0.95	0.90
1000<L≤4000	0.90	0.80
L>4000	0.85	0.75

隧道坡度折减的主要因素包括隧道空气附加阻力和通过隧道的最低速度两项。隧道空气附加阻力中列车头部的压力虽然在机车刚进入洞门时就突然产生,但列车四周与空气的摩阻力却是随列车进入隧道的长度而逐步增大,列车全部进入隧道后才达到稳定值;而列车尾部吸力则是在列车全部进入隧道后才产生,并逐步增大最后才趋于稳定。故规定隧道折减范围仅限于隧道长度内,并随折减坡

段取值，进整为 50 m 的倍数。

4. 最大坡度折减值

最大坡度折减包括曲线折减、小半径曲线折减及隧道折减。

$$i = i_{max}\beta - \Delta i_R - \Delta i_\mu$$

（1）平面分段

曲线折减所涉及的平面曲线为未加设缓和曲线时的圆曲线，由于正线设置缓和曲线，所以在进行最大坡度折减前，有必要按平面曲线不加设缓和曲线的情形将线路平面划分为直线与圆曲线段，以方便曲线折减。

```
void PlaneSegment(int &JDn,double * JDx,double * JDy,double * JDr,double * JDlo,
                double * JDFwj,double * JDZxj,int &HSEGn,double * HSEGspx,
                double * HSEGspy, double * HSEGepx,double * HSEGepy,
                double * HSEGsml,double * HSEGeml,double * HSEGsang,
                double * HSEGsr,double * HSEGdir)
{
    int i;
    double d,t;

    HSEGn = 0;
    HSEGspx[0] = JDx[0];
    HSEGspy[0] = JDy[0];
    HSEGsml[0] = 0.0;
    HSEGsang[0] = JDFwj[0];
    if(JDn = = 2)
    {
        HSEGn = 1;
        HSEGepx[0] = JDx[1];
        HSEGepy[0] = JDy[1];
        HSEGeml[0] = Distance(JDx[0],JDy[0],JDx[1],JDy[1]);
        return;
    }

    for(i = 1; i<JDn- 1; i++)
    {
        //直线
        HSEGsr[HSEGn] = 0.0;
        HSEGdir[HSEGn] = 0.0;
```

```
    if(HSEGn>0)
    {
        HSEGsml[HSEGn] = HSEGeml[HSEGn- 1];
        HSEGspx[HSEGn] = HSEGepx[HSEGn- 1];
        HSEGspy[HSEGn] = HSEGepy[HSEGn- 1];
    }
    d = Distance(HSEGspx[HSEGn],HSEGspy[HSEGn],JDx[i],JDy[i]);
    t = JDr[i]* tan(0.5* fabs(JDZxj[i]));

    HSEGepx[HSEGn] = HSEGspx[HSEGn]+(d- t)* sin(JDFwj[i- 1]);
    HSEGepy[HSEGn] = HSEGspy[HSEGn]+(d- t)* cos(JDFwj[i- 1]);
    HSEGeml[HSEGn] = HSEGsml[HSEGn]+Distance(HSEGspx[HSEGn],
                        HSEGspy[HSEGn],HSEGepx[HSEGn],HSEGepy[HSEGn]);
    HSEGsang[HSEGn] = JDFwj[i- 1];
    HSEGn = HSEGn+1;

    //圆弧
    HSEGsr[HSEGn] = JDr[i];

    if(JDZxj[i]<0.0)
        HSEGdir[HSEGn] = 1.0;        //左转
    else
        HSEGdir[HSEGn] = - 1.0;      //右转

    HSEGspx[HSEGn] = HSEGepx[HSEGn- 1];
    HSEGspy[HSEGn] = HSEGepy[HSEGn- 1];
    HSEGepx[HSEGn] = JDx[i]+t* sin(JDFwj[i]);
    HSEGepy[HSEGn] = JDy[i]+t* cos(JDFwj[i]);
    HSEGsml[HSEGn] = HSEGeml[HSEGn- 1];
    HSEGeml[HSEGn] = HSEGsml[HSEGn]+JDr[i]* fabs(JDZxj[i]);
    HSEGsang[HSEGn] = JDFwj[i- 1];
    HSEGn = HSEGn+1;
}
//直线
HSEGsr[HSEGn] = 0.0;
HSEGdir[HSEGn] = 0.0;
if(HSEGn>0)
{
```

```
            HSEGsml[HSEGn] = HSEGeml[HSEGn-1];
            HSEGspx[HSEGn] = HSEGepx[HSEGn-1];
            HSEGspy[HSEGn] = HSEGepy[HSEGn-1];
        }

        d = Distance(HSEGspx[HSEGn],HSEGspy[HSEGn],JDx[i],JDy[i]);
        HSEGepx[HSEGn] = HSEGspx[HSEGn]+d* sin(JDFwj[i-1]);
        HSEGepy[HSEGn] = HSEGspy[HSEGn]+d* cos(JDFwj[i-1]);
        HSEGeml[HSEGn] = HSEGsml[HSEGn]+Distance(HSEGspx[HSEGn],
                        HSEGspy[HSEGn],HSEGepx[HSEGn],HSEGepy[HSEGn]);
        HSEGsang[HSEGn] = JDFwj[i-1];
        HSEGn = HSEGn+1;
        return;
}
```

（2）最大坡度折减

```
void SlopeCompensation(int SlopeNum,double * SlopeCml,double * SLOPEjmax,
                    double * SLOPEdti,int TUNn,double * TUNsml,double * TUNeml,
                    int HSEGn,double * HSEGsml,double * HSEGeml,double * HSEGsr,
                    double SlopeMax,char * TractionKind,double trainlen)
{
    int i,j,k,s,e,ii;
    double SlopeSml,SlopeEml,ArcSml,ArcEml,start,end,dti,arclen,tmp;
    double TunLen;
    double W,TL;

    for(i=0; i<SlopeNum-1; i++)
    {
        dti = 0.0;                      //坡度折减值
        SlopeSml = SlopeCml[i];         //折减坡段起始里程
        SlopeEml = SlopeCml[i+1];       //折减坡段终止里程

        s = -1;
        e = -1;
        for(j=0; j<HSEGn; j++)
        {
            if(HSEGsr[j] >10.0)
            {
                ArcSml = HSEGsml[j];
```

```
            ArcEml = HSEGeml[ j] ;
            k = IsOverlap(SlopeSml, SlopeEml, ArcSml, ArcEml) ;
            if(k = = 1&&s = = - 1) s = j ;
            if(k = = 1) e = j ;
        }
    }
    for(start = SlopeSml ; start < SlopeEml ; start = start + 0.1)
    {
        //开始曲线折减
        end = start + trainlen ;
        if(end > SlopeEml) end = SlopeEml ;

        W = 0.0 ;
        for(j = s ; j< = e&&j! = - 1 ; j++)
        {
            if(HSEGsr[ j] >10.0)
            {
                k = IsOverlap(start , end , HSEGsml[ j] , HSEGeml[ j]) ;
                if(k = = 1)
                {
                    arclen = HSEGeml[ j] - HSEGsml[ j] ;
                    if(start > HSEGsml[ j]) arclen = arclen- (start- HSEGsml[ j]) ;
                    if(HSEGeml[ j] >end)    arclen = arclen- (HSEGeml[ j] - end) ;
                    W = (600.0/HSEGsr[ j] +
                        SmallRadiusCompensation(TractionKind , SlopeMax ,
                        HSEGsr[ j]))*  arclen+W ;
                }
            }
        }

        //开始隧道折减
        for(ii = 0 ; ii<TUNn ; ii++)
        {
            k = IsOverlap(start , end , TUNsml[ ii] , TUNeml[ ii]) ;
            if(k = = 1)
            {
                TunLen = TUNeml[ ii] - TUNsml[ ii] ;
                TL = TunLen ;
```

```
                    if(start>TUNsml[ii]) TL = TL- (start- TUNsml[ii]);
                    if(TUNeml[ii]>end)    TL = TL- (TUNeml[ii]- end);
                    W = W+TunCompensation(TractionKind, TUNeml[ii]- TUNsml[ii],
                        SlopeMax)* TL;
                }
            }

            if((SlopeEml- SlopeSml)>trainlen)
                tmp = W/trainlen;
            else
                tmp = W/(SlopeEml- SlopeSml);
            if(dti<tmp) dti = tmp;
        }

        SLOPEdti[i] = dti;
        SLOPEjmax[i] = (int)((SlopeMax- dti)* 10.0)/10.0;    //可用坡度最大值
        SLOPEdti[i] = SlopeMax- SLOPEjmax[i];                //折减值
    }
}


int IsOverlap(double s1, double e1, double s2, double e2)
{
    int val, k;
    double tmp, s, e, len;

    if(s1>e1)
    {
        tmp = s1;
        s1 = e1;
        e1 = tmp;
    }

    if(s2>e2)
    {
        tmp = s2;
        s2 = e2;
        e2 = tmp;
    }
```

```
    k = 1;    //重叠
    if(s2 > = e1) k = 0;    //不重叠
    if(s1 > = e2) k = 0;
    return k;
}


double SmallRadiusCompensation(char * TractionKind, double SlopeMax, double R)
{
    double v;
    v = 0.0;
    if(strcmp(TractionKind,"电力")! = 0) return v;

    if(fabs(SlopeMax- 30.0)<0.001)
    {
        if(fabs(R- 450.0)<0.001)
            v = 1.05;
        else if(fabs(R- 400.0)<0.001)
            v = 1.95;
        else if(fabs(R- 350.0)<0.001)
            v = 2.90;
        else if(fabs(R- 300.0)<0.001)
            v = 3.80;
    }
    else if(fabs(SlopeMax- 25.0)<0.001)
    {
        if(fabs(R- 450.0)<0.001)
            v = 0.90;
        else if(fabs(R- 400.0)<0.001)
            v = 1.65;
        else if(fabs(R- 350.0)<0.001)
            v = 2.45;
        else if(fabs(R- 300.0)<0.001)
            v = 3.20;
    }
    else if(fabs(SlopeMax- 20.0)<0.001)
    {
        if(fabs(R- 450.0)<0.001)
            v = 0.70;
```

```
            else if(fabs(R- 400.0)<0.001)
                v= 1.35;
            else if(fabs(R- 350.0)<0.001)
                v= 2.00;
            else if(fabs(R- 300.0)<0.001)
                v= 2.60;
        }
        else if(fabs(SlopeMax- 15.0)<0.001)
        {
            if(fabs(R- 450.0)<0.001)
                v= 0.55;
            else if(fabs(R- 400.0)<0.001)
                v= 1.05;
            else if(fabs(R- 350.0)<0.001)
                v= 1.50;
            else if(fabs(R- 300.0)<0.001)
                v= 2.00;
        }
        else if(fabs(SlopeMax- 12.0)<0.001)
        {
            if(fabs(R- 450.0)<0.001)
                v= 0.45;
            else if(fabs(R- 400.0)<0.001)
                v= 0.85;
            else if(fabs(R- 350.0)<0.001)
                v= 1.25;
            else if(fabs(R- 300.0)<0.001)
                v= 1.65;
        }
        else if(fabs(SlopeMax- 9.0)<0.001)
        {
            if(fabs(R- 450.0)<0.001)
                v= 0.35;
            else if(fabs(R- 400.0)<0.001)
                v= 0.65;
            else if(fabs(R- 350.0)<0.001)
                v= 1.00;
            else if(fabs(R- 300.0)<0.001)
```

```
            v = 1.30;
    }
    else if(fabs(SlopeMax- 6.0)<0.001)
    {
        if(fabs(R- 450.0)<0.001)
            v = 0.25;
        else if(fabs(R- 400.0)<0.001)
            v = 0.50;
        else if(fabs(R- 350.0)<0.001)
            v = 0.70;
        else if(fabs(R- 300.0)<0.001)
            v = 0.90;
    }
    else if(fabs(SlopeMax- 4.0)<0.001)
    {
        if(fabs(R- 450.0)<0.001)
            v = 0.20;
        else if(fabs(R- 400.0)<0.001)
            v = 0.35;
        else if(fabs(R- 350.0)<0.001)
            v = 0.50;
        else if(fabs(R- 300.0)<0.001)
            v = 0.70;
    }

    return v;
}


double TunCompensation(char * TractionKind, double TunLen, double SlopeMax)
{
    double v;
    v = 0.0;
    if(strcmp(TractionKind, "电力") = = 0)
    {
        if(TunLen>400.0&&TunLen< = 1000)
        v = SlopeMax* 0.05;
        else if(TunLen>1000.0&&TunLen< = 4000)
        v = SlopeMax* 0.10;
```

```
        else  if(TunLen>4000.0)
            v = SlopeMax*  0.15;
    }
    else  if(strcmp(TractionKind,"内燃")= = 0)
    {
        if(TunLen>400.0&&TunLen< = 1000)
            v = SlopeMax*  0.10;
        else  if(TunLen>1000.0&&TunLen< = 4000)
            v = SlopeMax*  0.20;
        else  if(TunLen>4000.0)
            v = SlopeMax*  0.25;
    }
    return v;
}
```

4.8 线路纵断面合理性检查

1. 坡度检查

每个坡段的加算坡度必须小于最大设计坡度，否则货物列车牵引按限制坡度计算的牵引质量在该坡道的持续上坡道上最终会以低于计算速度的速度运行，从而导致列车运行缓慢并降低通过能力。利用前面给出的最大坡度折减程序可以计算出各坡段的坡度折减值，再根据设计坡度计算出坡段的加算坡度，完成坡度检查。

2. 最大坡度差检查

坡度代数差越大，列车在变坡点处产生的车钩应力和局部加速度也越大，也更可能产生断钩事故；在凸形纵断面的坡顶，若坡度差过大，则司机的通视距离缩短，从而影响行车安全。基于此，线路的坡度代数差不能过大，《线规》中规定了一般路段的最大坡度代数差，如表4-3所示。

表4-3 相邻坡段最大坡度差

远期到发线有效长度/m		1050	850	750	650
最大坡度差 /‰	一般	8	10	12	15
	困难	10	12	15	18

3. 竖曲线与缓和曲线重叠检查

竖曲线范围内，轨面高程以一定的曲率变化；缓和曲线范围内，外轨高程以一定的超高顺坡变化。如两者重叠，一方面，在轨道铺设和养护时，外轨高程不易控制；另一方面，外轨的直线形超高顺坡和圆形竖曲线都要改变形状，影响行车的平稳。

为了保证竖曲线不与缓和曲线重叠，纵断面设计时，变坡点离开缓和曲线起终点的距离不应小于竖曲线的切线长。

4. 竖曲线与圆曲线重叠检查

设计速度为 160 km/h 及以上的区段，竖曲线与平面圆曲线不宜重叠设置。为此，线路设计时应尽量将同一平面曲线范围设置为一个坡段。若需要将一个平面曲线设置为多个坡段，其相邻坡段坡度代数差不宜大于不设置竖曲线的最小坡度代数差。

5. 坡段长度检查

从工程数量上看，采用较短的坡段长度可更好地适应地形起伏，减少路基、桥梁及隧道等工程数量；但从列车运行的平稳性要求出发，纵断面坡段长度宜设计为较长坡段。因此，坡段长度的确定既要满足列车运行的平稳性要求，又要尽可能地节约工程投资，使两者取得最佳的统一。

（1）最短坡长限制

最短坡长限制主要是从列车行驶平稳性的要求考虑的。

普通客货共线铁路上，列车通过变坡点时，由于变坡点前后的列车车辆运行阻力不同，车钩间存在游间，将使部分车辆产生局部加速度，影响行车平稳，同时也使车辆间产生冲击作用，增大列车纵向力。显然，列车运行时跨越的变坡点越多，列车运行越不稳定，因此，坡段长度要保证列车不断钩。

客运专线上运行的动车组，列车采用密接式车钩，坡段长度不受此条件限制，如图 4-3 所示。

图 4-3　不同坡段长度的纵断面

从列车运行平稳性的角度考虑，两竖曲线间应有足够的夹坡长度，以确保列车在同坡段前一个竖曲线上产生的振动在夹坡段范围内完全衰减，不与后一个竖曲线上产生的振动叠加，因此，两竖曲线间应有一定的夹坡段长度。

为了提高旅客列车运行平稳性，应使旅客列车不同时跨过两个变坡点，以免列车过变坡点的附加加速度叠加而影响旅客舒适，为此，坡段长度应大于远期旅客列车长度。

综合安全、舒适、工程、运营等各种因素，各级铁路的夹坡段最小长度、最小坡段长度如表 4-4、表 4-5 所示。

表 4-4　夹坡段最小长度

设计速度/(km·h⁻¹)		350	300	200<V≤250	200
工程条件	一般	175	150	125	100
	困难	140	120	100	80

表 4-5　最小坡段长度

铁路类型		客运专线			客货共线铁路					
设计速度/(km·h⁻¹)		350	300	250	200	160	≤140			
到发线有效长度/m							1050	850	750	650
最小坡段长度/m	一般	$\dfrac{\Delta i_{max}}{2000}(R_{sh1}+R_{sh2})+l_{jmin}$			600	400	400	350	300	250
	个别				400					

设计最高时速≤140 km 的客货共线铁路在某些行车速度较低的路段，为了因地制宜、节省工程投资，在下列情况下，坡段长度允许缩短至 200 m，如图 4-4 所示。

①凸形纵断面坡顶为缓和坡度代数差而设置的分坡平段，其长度宜为 200 m。

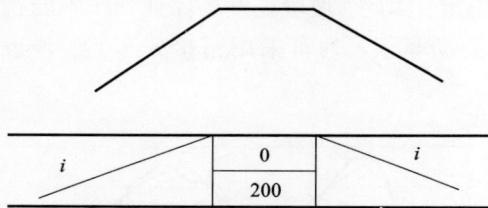

图 4-4　凸形纵断面坡顶分坡平段

②因最大坡度折减而形成的坡段包括折减坡段及其中间无须折减的坡段，这些坡段间的坡度代数差较小，坡长可以缩短，如图 4-5 所示。

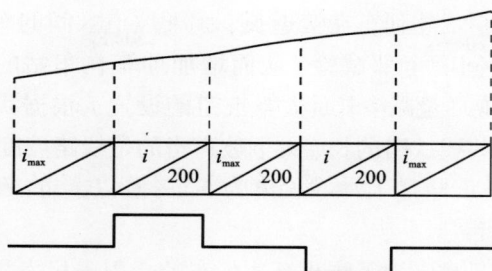

图 4-5　因最大坡度折减而形成的坡段

③两个同向坡段之间为了缓和坡度差而设置的缓和坡段，可使纵断面上坡度逐步变化，有利于列车平稳运行，故可采用较短坡段长度，如图 4-6 所示。

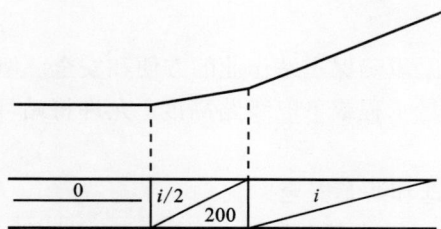

图 4-6　同向坡段之间的缓和坡段

④长路堑内为排水而设置的人字坡段，其坡度一般不小于 2‰，以利于路堑侧沟排水，如图 4-7 所示。

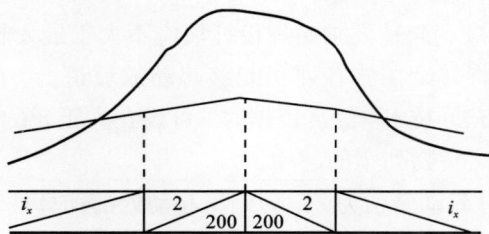

图 4-7　路堑内人字坡段

⑤枢纽疏解引线范围内的纵坡，因行车速度较低，且一般因跨线需要迅速升高（或降低）纵断面高程，可设计较短的坡段。

（2）最大坡长限制

对客货共线铁路，货物列车在接近长、大下坡道区间的车站时，列车自动制动机需要进行一定时间的全部试验，从而增加列车在车站的停站作业时间，因此，纵断面设计时，应尽量减少长、大下坡道的设置。根据我国目前列车自动制动机技术要求，客货共线铁路的长、大下坡道指的是线路坡度超过 6‰、长度为 8 km 及以上者，线路坡度超过 12‰、长度为 5 km 及以上者，线路坡度超过 20‰、长度为 2 km 及以上者。

对高速客运专线铁路，为了防止高速列车的牵引电机发生过热现象，当纵断面采用最大坡度时，宜限制最大坡度地段的坡段长度。当采用最大坡度为 12‰ 的坡度时，最大坡段长度不受限制；当采用最大坡度为 15‰ 的坡度时，最大坡度地段的坡段长度不宜大于 9 km；当采用最大坡度为 20‰ 的坡度时，最大坡度地段的坡段长度不宜大于 5 km。

6. 站坪坡段检查

站坪宜设在平道上，以确保车站作业的方便和安全。但在地面纵坡较陡的地形条件下，为了节省大量工程或争取线路高度，允许将站坪设在坡道上，但设计坡度应满足下列要求。

（1）保证车辆不溜逸和调车安全

一般情况下 $i_z \leq 1.0‰$，在特殊困难条件下，客运专线允许将中间站设在不大于 2.5‰ 的坡道上，越行站可设在不大于 6‰ 的坡道上；客货共线的普速铁路允许将会让站、越行站设在不陡于 6‰ 的坡道上，但两个相邻的车站不能连续设置。这是考虑到相邻两个车站中远期至少应有一个车站能办理甩挂作业，以方便地方运输。

（2）保证停站列车能顺利起动

保证停站列车能顺利起动要求站坪设计坡应不大于最大起动坡度。如车站为旅客乘降所，则允许将其设在旅客列车能够起动的坡道上，但不宜大于 8‰，在特殊困难条件下，有充分技术、经济依据时，可设在大于 8‰ 的坡道上；如果有货物列车停站，则应满足货物列车的起动。

设 F_q 为列车计算起动牵引力，i_q 为列车起动处的加算坡度值，则有：

$$\lambda_y F_q = P(\omega_q' + gi_q) + G(\omega_q'' + gi_q)$$

$$i_q = \frac{\lambda_y F_q - P\omega_q' - G\omega_q''}{g(P+G)} (‰)$$

列车起动范围内有曲线时，则列车的加算坡度不应大于最大起动坡度。若站坪范围内有多个坡段，则应考虑列车处于最不利的位置时的情况。

7. 车站咽喉区检查

车站咽喉区范围内有较多道岔，在纵断面上站坪端点至站坪外变坡点的距离不应小于竖曲线的切线长度 T_{sh}。若站坪两端的线路在平面上有曲线，在纵断面上有竖曲线，则应考虑竖曲线不与缓和曲线重叠的要求，曲线交点距站坪端点的距离不应小于 $2T_{sh}+T_2$，如图 4-8 所示。

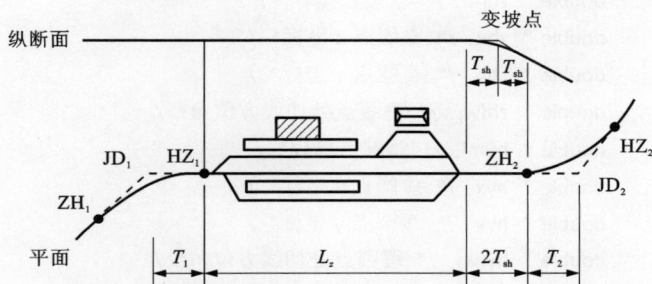

图 4-8 站坪两端的平纵面

4.9 单线铁路纵断面图绘制

铁路线路纵断面图是线路有关资料的综合反映，所包含的内容、信息极为丰富，几乎需要把所有的测量资料在图上展示出来，因此需要进行合理布局、设计，使纵断面图表达的信息尽可能的清晰，图幅尽可能的漂亮美观。

为了使图中线路坡度曲线变化比较明显，纵断面图的纵向比例尺一般大于横向比例尺。

```
void DrawProfile(char * RailwayName, /* 铁路名称* /
                 char * DesignSegment, /* 设计区段* /
                 char * DesignStage, /* 设计阶段* /
                 char * RailwayGrade, /* 铁路等级* /
                 char * TrackNum, /* 正线数目* /
                 double SlopeMax, /* 限制坡度* /
                 double RadiusMin, /* 最小曲线半径* /
                 char * TractionKind, /* 牵引种类* /
                 char * Locomotive, /* 机车类型* /
                 double TrackValidLen, /* 到发线有效长* /
```

```
char * Signal, /* 闭塞类型* /
int JDn, /* 平面交点数* /
double * JDx, /* 平面交点 x 坐标* /
double * JDy, /* 平面交点 y 坐标* /
double * JDr, /* 曲线半径* /
double * JDlo, /* 缓和曲线长* /
int * JDdir, /* 曲线转向* /
double * zhml, /* 直缓点里程* /
double * zhx, /* 直缓点 x 坐标* /
double * zhy, /* 直缓点 y 坐标* /
double * zhfwj, /* 直缓点处切线方位角* /
double * hyml, /* 缓圆点里程* /
double * hyx, /* 缓圆点 x 坐标* /
double * hyy, /* 缓圆点 y 坐标* /
double * hyfwj, /* 缓圆点处切线方位角* /
double * yhml, /* 圆缓点里程* /
double * yhx, /* 圆缓点 x 坐标* /
double * yhy, /* 圆缓点 y 坐标* /
double * yhfwj, /* 圆缓点处切线方位角* /
double * hzml, /* 缓直点里程* /
double * hzx, /* 缓直点 x 坐标* /
double * hzy, /* 缓直点 y 坐标* /
double * hzfwj, /* 缓直点处切线方位角* /
int BRIn, /* 桥梁数目* /
double * BRIsml, /* 桥梁起始里程* /
double * BRIeml, /* 桥梁终止里程* /
char (* BRIname)[50], /* 桥梁名* /
int TUNn, /* 隧道数目* /
double * TUNsml, /* 隧道起始里程* /
double * TUNeml, /* 隧道终止里程* /
char (* TUNname)[50], /* 隧道名* /
int STAn, /* 车站数目* /
double * STAcml, /* 车站中心里程* /
char (* STAname)[50], /* 车站名* /
char (* STAside)[50], /* 车站边侧* /
int pGroundPointNum, /* 纵断面地面点数* /
double * pGroundPointCml, /* 纵断面地面点里程* /
double * pGroundPointH, /* 纵断面地面点高程* /
```

```
            int SlopeNum, /* 变坡点数* /
            double * SlopeCml, /* 变坡点里程* /
            double * SlopeH /* 变坡点高程* /
            )
{
    FILE * f;
    char str[100],akml[50];
    int i,j,k;
    double len,Px,Py,LINEw,Hmin,Hmax,h,d,deta,Haxis;

    Hmin = GetHmin(SlopeNum,SlopeCml,SlopeH,pGroundPointNum,
                pGroundPointCml,pGroundPointH);
    Hmax = GetHmax(SlopeNum,SlopeCml,SlopeH,pGroundPointNum,
                pGroundPointCml,pGroundPointH);

    f = fopen("MyProfile.scr","w");
    if(f = = NULL) return;

    fprintf(f,"- osnap off\n");
    fprintf(f,"Layer N Profile \n");
    fprintf(f,"Layer S Profile \n");
    fprintf(f,"style HZ STFANGSO.TTF 0.0 0.75 0.0 N N\n");

    scale = 10;
    len = zhml[JDn- 1]; //线路总长
    //绘图框
    LINEw = 1.0* scale; //线宽为1.0
    Px = 0.0;
    Py = 0.0;
    fprintf(f,"pline ");
    fprintf(f,"% lf,% lf ",Px,Py);
    fprintf(f,"w % lf % lf ",LINEw,LINEw);
    Px = len+300.0* scale; //留出绘签名栏的位置
    fprintf(f,"% lf,% lf ",Px,Py);
    Py = Py+287.0* scale;
    fprintf(f,"% lf,% lf ",Px,Py);
    Px = 0.0;
    fprintf(f,"% lf,% lf ",Px,Py);
```

```
Py = 0.0;
fprintf(f,"% lf,% lf ",Px,Py);
fprintf(f,"\n");


Px = - 15.0* scale;
Py = - 5.0* scale;
fprintf(f,"pline ");
fprintf(f,"% lf,% lf ",Px,Py);
fprintf(f,"w % lf % lf ",0.0,0.0);
Px = len+(300.0+5.0)* scale;
fprintf(f,"% lf,% lf ",Px,Py);
Py = Py+297.0* scale;
fprintf(f,"% lf,% lf ",Px,Py);
Px = - 15.0* scale;
fprintf(f,"% lf,% lf ",Px,Py);
Py = - 5.0* scale;
fprintf(f,"% lf,% lf ",Px,Py);
fprintf(f,"\n");
//绘图框完毕!


//绘签名栏
Px = len+300.0* scale;
Py = 8.0* scale;
fprintf(f,"pline ");
fprintf(f,"% lf,% lf ",Px,Py);
fprintf(f,"w % lf % lf ",0.0,0.0);
Px = Px- 50.0* scale;
fprintf(f,"% lf,% lf ",Px,Py);
fprintf(f,"\n");


Px = len+300.0* scale- 180.0* scale;
Py = 8.0* scale;
fprintf(f,"pline ");
fprintf(f,"% lf,% lf ",Px,Py);
fprintf(f,"w % lf % lf ",0.0,0.0);
Px = Px+40.0* scale;
fprintf(f,"% lf,% lf ",Px,Py);
fprintf(f,"\n");
```

```
Px = len+300.0* scale;
Py = 16.0* scale;
fprintf(f,"pline ");
fprintf(f,"% lf,% lf ",Px,Py);
fprintf(f,"w % lf % lf ",0.0,0.0);
Px = Px- 50.0* scale;
fprintf(f,"% lf,% lf ",Px,Py);
fprintf(f,"\n");


Px = len+300.0* scale- 180.0* scale;
Py = 16.0* scale;
fprintf(f,"pline ");
fprintf(f,"% lf,% lf ",Px,Py);
fprintf(f,"w % lf % lf ",0.0,0.0);
Px = Px+40.0* scale;
fprintf(f,"% lf,% lf ",Px,Py);
fprintf(f,"\n");


Px = len+300.0* scale;
Py = 24.0* scale;
fprintf(f,"pline ");
fprintf(f,"% lf,% lf ",Px,Py);
fprintf(f,"w % lf % lf ",1.0* scale,1.0* scale);
Px = Px- 180.0* scale;
fprintf(f,"% lf,% lf ",Px,Py);
fprintf(f,"\n");


Px = len+300.0* scale- 180.0* scale;
Py = 24.0* scale;
fprintf(f,"pline ");
fprintf(f,"% lf,% lf ",Px,Py);
fprintf(f,"w % lf % lf ",1.0* scale,1.0* scale);
Py = 0.0;
fprintf(f,"% lf,% lf ",Px,Py);
fprintf(f,"\n");


Px = len+300.0* scale- 165.0* scale;
Py = 24.0* scale;
```

```
fprintf(f,"pline ");
fprintf(f,"% lf,% lf ",Px,Py);
fprintf(f,"w % lf % lf ",0.0,0.0);
Py=0.0;
fprintf(f,"% lf,% lf ",Px,Py);
fprintf(f,"\n");


Px=len+300.0* scale- 140.0* scale;
Py=24.0* scale;
fprintf(f,"pline ");
fprintf(f,"% lf,% lf ",Px,Py);
fprintf(f,"w % lf % lf ",0.0,0.0);
Py=0.0;
fprintf(f,"% lf,% lf ",Px,Py);
fprintf(f,"\n");


Px=len+300.0* scale- 50.0* scale;
Py=24.0* scale;
fprintf(f,"pline ");
fprintf(f,"% lf,% lf ",Px,Py);
fprintf(f,"w % lf % lf ",0.0,0.0);
Py=0.0;
fprintf(f,"% lf,% lf ",Px,Py);
fprintf(f,"\n");


Px=len+300.0* scale- 35.0* scale;
Py=24.0* scale;
fprintf(f,"pline ");
fprintf(f,"% lf,% lf ",Px,Py);
fprintf(f,"w % lf % lf ",0.0,0.0);
Py=0.0;
fprintf(f,"% lf,% lf ",Px,Py);
fprintf(f,"\n");


Px=len+300.0* scale- (180.0- 7.5)* scale;
Py=20.0* scale;
fprintf(f,"text j mc % lf,% lf % lf % lf 编制\n",Px,Py,4.5* scale,0.0);
```

```
Px = len+300.0* scale- (180.0- 7.5)* scale;
Py = 12.0* scale;
fprintf(f,"text j mc % lf,% lf % lf % lf 复核\n",Px,Py,4.5* scale,0.0);


Px = len+300.0* scale- (50.0- 7.5)* scale;
Py = 20.0* scale;
fprintf(f,"text j mc % lf,% lf % lf % lf 图号\n",Px,Py,4.5* scale,0.0);


Px = len+300.0* scale- 17.5* scale;
Py = 20.0* scale;
fprintf(f,"text j mc % lf,% lf % lf % lf 2\n",Px,Py,4.5* scale,0.0);


Px = len+300.0* scale- (50.0- 7.5)* scale;
Py = 12.0* scale;
fprintf(f,"text j mc % lf,% lf % lf % lf 比例\n",Px,Py,4.5* scale,0.0);


Px = len+300.0* scale- 17.5* scale;
Py = 12.0* scale;
fprintf(f,"text j mc % lf,% lf % lf % lf 横: 10000 竖: 1000\n",Px,Py,3.5* scale,0.0);


Px = len+300.0* scale- (50.0- 7.5)* scale;
Py = 4.0* scale;
fprintf(f,"text j mc % lf,% lf % lf % lf 日期\n",Px,Py,4.5* scale,0.0);


Px = len+300.0* scale- (50.0+45.0)* scale;
Py = 20.0* scale;
fprintf(f,"text j mc % lf,% lf % lf % lf % s% s\n",
        Px,Py,5.0* scale,0.0,RailwayName,DesignSegment);
Px = len+300.0* scale- (50.0+45.0)* scale;
Py = 12.0* scale;
fprintf(f,"text j mc % lf,% lf % lf % lf % s\n",Px,Py,5.0* scale,0.0,DesignStage);
Py = 4.0* scale;
fprintf(f,"text j mc % lf,% lf % lf % lf 线路纵断面图\n",Px,Py,5.0* scale,0.0);
//绘签名栏完毕!


//绘高程轴
h = Hmin- 10.0* (int)(Hmin/10.0);
if(h>9.99)
```

125

```
        Hmin = 10.0*  (int)((Hmin+0.1)/10.0);
else
        Hmin = 10.0*  (int)(Hmin/10.0);


h = Hmax- 10.0*  (int)(Hmax/10.0);
if(h<0.01)
        Hmax = 10.0*  (int)(Hmax/10.0);
else
        Hmax = 10.0*  (int)(Hmax/10.0)+10.0;


Haxis = Hmax- Hmin;
if(Haxis<140.0)
{
        Haxis = 140.0;
        Hmin = (Hmax+Hmin)/2.0- 0.5*  Haxis;
}


if(Haxis>220.0)
{
        Haxis = 220.0;
        Hmin = (Hmax+Hmin)/2.0- 0.5*  Haxis;
}


//计算间隔
deta = (287- 60- Haxis)/3.0;


Px = 80*  scale;
Py = (deta+60.0+deta)*  scale;
fprintf(f, "pline ");
fprintf(f, "% lf,% lf ", Px, Py);
fprintf(f, "w % lf % lf ", 0.0, 0.0);
Py = Py+Haxis*  scale;
fprintf(f, "% lf,% lf ", Px, Py);
fprintf(f, "\n");


Px = 80*  scale;
Py = (deta+60.0+deta)*  scale;
h = 10.0*  (int)(Hmin/10.0);
```

```
for(; ; )
{
    if(Py>(deta+60.0+deta+Haxis)* scale) break;

    fprintf(f,"pline ");
    fprintf(f,"% lf,% lf ",Px,Py);
    fprintf(f,"w % lf % lf ",0.0,0.0);
    fprintf(f,"% lf,% lf ",Px- 1.0* scale,Py);
    fprintf(f,"\n");

    sprintf(str,"% .0lf",h);
    fprintf(f,"text j mr % lf,% lf % lf % lf % s \n",Px- 1.0* scale,Py,3.0* scale,0.0,str);

    h = h+10.0;
    Py = Py+10.0* scale;
}//绘高程轴完毕

//绘坡度线
if(SlopeNum>0)
{
    h = 10.0* (int)(Hmin/10.0);
    Px = 90* scale+SlopeCml[0];
    Py = (deta+60.0+deta)* scale+(SlopeH[0]- h)* scale;
    SetColor(f,1);
    fprintf(f,"pline ");
    fprintf(f,"% lf,% lf ",Px,Py);
    fprintf(f,"w % lf % lf ",0.7* scale,0.7* scale);
    for(i= 1; i<SlopeNum; i++)
    {
        Px = 90* scale+SlopeCml[i];
        Py = (deta+60.0+deta)* scale+(SlopeH[i]- h)* scale;
        fprintf(f,"% lf,% lf ",Px,Py);
    }
    fprintf(f,"\n");
}//绘坡度线完毕

//绘地面线
h = 10.0* (int)(Hmin/10.0);
```

```
Px = 90* scale+pGroundPointCml[0];
Py = (deta+60.0+deta)* scale+(pGroundPointH[0]-h)* scale;
SetColor(f,7);
fprintf(f,"pline ");
fprintf(f,"% lf,% lf ",Px,Py);
fprintf(f,"w % lf % lf ",0.0,0.0);
for(i = 1; i<pGroundPointNum; i++)
{
    Px = 90* scale+pGroundPointCml[i];
    Py = (deta+60.0+deta)* scale+(pGroundPointH[i]-h)* scale;
    fprintf(f,"% lf,% lf ",Px,Py);
}
fprintf(f,"\n");
//绘地面线完毕


//绘五线谱水平线
Px = 90.0* scale;
Py = deta* scale;
fprintf(f,"pline ");
fprintf(f,"% lf,% lf ",Px,Py);
fprintf(f,"w % lf % lf ",0.0,0.0);
Px = Px+len;
fprintf(f,"% lf,% lf ",Px,Py);
fprintf(f,"\n");

Px = 90.0* scale;
Py = (deta+20.0)* scale;
fprintf(f,"pline ");
fprintf(f,"% lf,% lf ",Px,Py);
fprintf(f,"w % lf % lf ",0.0,0.0);
Px = Px+len;
fprintf(f,"% lf,% lf ",Px,Py);
fprintf(f,"\n");

Px = 90.0* scale;
Py = (deta+25.0)* scale;
fprintf(f,"pline ");
```

```
fprintf(f,"% lf,% lf ",Px,Py);
fprintf(f,"w % lf % lf ",0.0,0.0);
Px = Px+len;
fprintf(f,"% lf,% lf ",Px,Py);
fprintf(f,"\n");


Px = 90.0* scale;
Py = (deta+35.0)* scale;
fprintf(f,"pline ");
fprintf(f,"% lf,% lf ",Px,Py);
fprintf(f,"w % lf % lf ",0.0,0.0);
Px = Px+len;
fprintf(f,"% lf,% lf ",Px,Py);
fprintf(f,"\n");


Px = 90.0* scale;
Py = (deta+50.0)* scale;
fprintf(f,"pline ");
fprintf(f,"% lf,% lf ",Px,Py);
fprintf(f,"w % lf % lf ",0.0,0.0);
Px = Px+len;
fprintf(f,"% lf,% lf ",Px,Py);
fprintf(f,"\n");


Px = 90.0* scale;
Py = (deta+60.0)* scale;
fprintf(f,"pline ");
fprintf(f,"% lf,% lf ",Px,Py);
fprintf(f,"w % lf % lf ",0.0,0.0);
Px = Px+len;
fprintf(f,"% lf,% lf ",Px,Py);
fprintf(f,"\n");


//绘线路平面图、里程、设计坡度、路肩设计高程及工程地质概况外框
Px = 15.0* scale;
Py = deta* scale;
fprintf(f,"pline ");
fprintf(f,"% lf,% lf ",Px,Py);
```

```
fprintf(f,"w % lf % lf ",0.5* scale,0.5* scale);
Px = Px+40.0* scale;
fprintf(f,"% lf,% lf ",Px,Py);
Py = Py+60.0* scale;
fprintf(f,"% lf,% lf ",Px,Py);
Px = 15.0* scale;
fprintf(f,"% lf,% lf ",Px,Py);
Px = 15.0* scale;
Py = deta* scale;
fprintf(f,"% lf,% lf ",Px,Py);
fprintf(f,"\n");
//绘线路平面图、里程、设计坡度、路肩设计高程及工程地质概况外框完毕!

//绘线路平面图
Px = 15.0* scale;
Py = (deta+20.0)* scale;
fprintf(f,"pline ");
fprintf(f,"% lf,% lf ",Px,Py);
fprintf(f,"w % lf % lf ",0.0,0.0);
Px = 55.0* scale;
fprintf(f,"% lf,% lf ",Px,Py);
fprintf(f,"\n");

for(i = 1; i<JDn; i++)
{
    //绘直线
    Px = 90.0* scale+hzml[i-1];
    Py = (deta+10.0)* scale;
    fprintf(f,"pline ");
    fprintf(f,"% lf,% lf ",Px,Py);
    fprintf(f,"w % lf % lf ",0.0,0.0);
    Px = 90.0* scale+zhml[i];
    fprintf(f,"% lf,% lf ",Px,Py);
    fprintf(f,"\n");

    if(i = = JDn-1) break;
    //第一缓和曲线
    if(JDdir[i]>0)
```

```
{
    fprintf(f,"pline ");
    fprintf(f,"% lf,% lf ",Px,Py);
    fprintf(f,"w % lf % lf ",0.0,0.0);
    Px = 90.0* scale+hyml[i];
    Py = Py+3.0* scale;
    fprintf(f,"% lf,% lf ",Px,Py);
    fprintf(f,"\n");
}
else
{
    fprintf(f,"pline ");
    fprintf(f,"% lf,% lf ",Px,Py);
    fprintf(f,"w % lf % lf ",0.0,0.0);
    Px = 90.0* scale+hyml[i];
    Py = Py- 3.0* scale;
    fprintf(f,"% lf,% lf ",Px,Py);
    fprintf(f,"\n");
}
//圆曲线
if(JDdir[i]>0)
{
    fprintf(f,"pline ");
    fprintf(f,"% lf,% lf ",Px,Py);
    fprintf(f,"w % lf % lf ",0.0,0.0);
    Px = 90.0* scale+yhml[i];
    fprintf(f,"% lf,% lf ",Px,Py);
    fprintf(f,"\n");

    RadianToAlfDms((hzml[i]- hyml[i])/JDr[i],str);
    Px = 90.0* scale+0.5* (zhml[i]+hzml[i]);
    Py = (deta+3.0)* scale;
    fprintf(f,"text j mc % lf,% lf % lf 0.0 % s\n",Px,Py,3.0* scale,str);
    Py = (deta+7.0)* scale;
    fprintf(f,"text j mr % lf,% lf % lf 0.0 R—% .0lf\n",
        Px- 1.0* scale,Py,3.0* scale,JDr[i]);
    fprintf(f,"text j ml % lf,% lf % lf 0.0 lo—% .0lf\n",
        Px+1.0* scale,Py,3.0* scale,JDlo[i]);
```

131

```
    }
    else
    {
        fprintf(f,"pline ");
        fprintf(f,"% lf,% lf ",Px,Py);
        fprintf(f,"w % lf % lf ",0.0,0.0);
        Px=90.0* scale+yhml[i];
        fprintf(f,"% lf,% lf ",Px,Py);
        fprintf(f,"\n");

        RadianToAlfDms((hzml[i]- hyml[i])/JDr[i],str);
        Px=90.0* scale+0.5* (zhml[i]+hzml[i]);
        Py=(deta+20.0- 3.0)* scale;
        fprintf(f,"text j mc % lf,% lf % lf 0.0 % s\n",Px,Py,3.0* scale,str);
        Py=(deta+20.0- 7.0)* scale;
        fprintf(f,"text j mr % lf,% lf % lf 0.0 R—% .0lf\n",
                Px- 1.0* scale,Py,3.0* scale,JDr[i]);
        fprintf(f,"text j ml % lf,% lf % lf 0.0 lo—% .0lf\n",
                Px+1.0* scale,Py,3.0* scale,JDlo[i]);
    }
    //第二缓和曲线
    if(JDdir[i]>0)
    {
        Px=90.0* scale+yhml[i];
        Py=(deta+10.0)* scale+3.0* scale;
        fprintf(f,"pline ");
        fprintf(f,"% lf,% lf ",Px,Py);
        fprintf(f,"w % lf % lf ",0.0,0.0);
        Px=90.0* scale+hzml[i];
        Py=Py- 3.0* scale;
        fprintf(f,"% lf,% lf ",Px,Py);
        fprintf(f,"\n");
    }
    else
    {
        Px=90.0* scale+yhml[i];
        Py=(deta+10.0)* scale- 3.0* scale;
        fprintf(f,"pline ");
```

```
        fprintf(f,"% lf,% lf ",Px,Py);
        fprintf(f,"w % lf % lf ",0.0,0.0);
        Px=90.0* scale+hzml[i];
        Py=Py+3.0* scale;
        fprintf(f,"% lf,% lf ",Px,Py);
        fprintf(f,"\n");
    }
}
Px=35.0* scale;
Py=(deta+10.0)* scale;
fprintf(f,"text j mc % lf,% lf % lf 0.0 线路平面图\n",Px,Py,5.0* scale);
//绘线路平面图完毕!


Px=15.0* scale;
Py=(deta+25.0)* scale;
fprintf(f,"pline ");
fprintf(f,"% lf,% lf ",Px,Py);
fprintf(f,"w % lf % lf ",0.0,0.0);
Px=55.0* scale;
fprintf(f,"% lf,% lf ",Px,Py);
fprintf(f,"\n");


//标公里标
d=start_ml- int(start_ml/1000.0)* 1000.0;
if(d>0.00001)
    d=1000.0- d+start_ml;
else
    d=start_ml;


for(; d<=len+start_ml; d=d+1000.0)
{
    Px=90.0* scale+(d- start_ml);
    Py=(deta+25.0)* scale;
    fprintf(f,"pline ");
    fprintf(f,"% lf,% lf ",Px,Py);
    fprintf(f,"w % lf % lf ",0.0,0.0);
    Py=Py- 1.0* scale;
    fprintf(f,"% lf,% lf ",Px,Py);
```

```
        fprintf(f,"\n");

        sprintf(str,"% s% d",ml_cap,int(d/1000.0+0.001));
        Py=(deta+22.0)* scale;
        fprintf(f,"text j mc % lf,% lf % lf 0.0 % s\n",Px,Py,3.0* scale,str);
}
Px=35.0* scale;
Py=(deta+22.5)* scale;
fprintf(f,"text j mc % lf,% lf % lf 0.0 里程\n",Px,Py,3.5* scale);
//标公里标完毕

Px=15.0* scale;
Py=(deta+35.0)* scale;
fprintf(f,"pline ");
fprintf(f,"% lf,% lf ",Px,Py);
fprintf(f,"w % lf % lf ",0.0,0.0);
Px=55.0* scale;
fprintf(f,"% lf,% lf ",Px,Py);
fprintf(f,"\n");

for(i=0; i<SlopeNum; i++)
{
        Px=90.0* scale+SlopeCml[i];
        Py=(deta+35.0)* scale;
        fprintf(f,"pline ");
        fprintf(f,"% lf,% lf ",Px,Py);
        fprintf(f,"w % lf % lf ",0.0,0.0);
        Py=(deta+25.0)* scale;
        fprintf(f,"% lf,% lf ",Px,Py);
        fprintf(f,"\n");

        if(i>0)
        {
                if(fabs(SlopeH[i]- SlopeH[i- 1])<0.001)
                {
                        Px=90.0* scale+SlopeCml[i- 1];
                        Py=(deta+30.0)* scale;
                        fprintf(f,"pline ");
```

```
fprintf(f,"% lf,% lf ",Px,Py);
fprintf(f,"w % lf % lf ",0.0,0.0);
Px=90.0* scale+SlopeCml[i];
fprintf(f,"% lf,% lf ",Px,Py);
fprintf(f,"\n");


Px=90.0* scale+0.5* (SlopeCml[i]+SlopeCml[i-1]);
Py=(deta+27.5)* scale;
d=SlopeCml[i]-SlopeCml[i-1];
d=d-(int)(d);
if(d<0.001)
        fprintf(f,"text j mc % lf,% lf % lf 0.0 % .0lf\n",
                Px,Py,3.5* scale,SlopeCml[i]-SlopeCml[i-1]);
else
        fprintf(f,"text j mc % lf,% lf % lf 0.0 % .3lf\n",
                Px,Py,3.5* scale,SlopeCml[i]-SlopeCml[i-1]);


Py=(deta+32.5)* scale;
d=(SlopeH[i]-SlopeH[i-1])/(SlopeCml[i]-SlopeCml[i-1]);
fprintf(f,"text j mc % lf,% lf % lf 0.0 % .1lf\n",
        Px,Py,3.5* scale,fabs(d)* 1000.0);
}
else if(SlopeH[i]-SlopeH[i-1]>0.001)
{
        Px=90.0* scale+SlopeCml[i-1];
        Py=(deta+25.0)* scale;
        fprintf(f,"pline ");
        fprintf(f,"% lf,% lf ",Px,Py);
        fprintf(f,"w % lf % lf ",0.0,0.0);
        Px=90.0* scale+SlopeCml[i];
        Py=(deta+35.0)* scale;
        fprintf(f,"% lf,% lf ",Px,Py);
        fprintf(f,"\n");


        Px=90.0* scale+0.5* (SlopeCml[i]+SlopeCml[i-1]);
        Py=(deta+27.5)* scale;
        d=SlopeCml[i]-SlopeCml[i-1];
        d=d-(int)(d);
```

135

```
    if(d<0.001)
        fprintf(f,"text j mc % lf,% lf % lf 0.0 % .0lf\n",
                Px,Py,3.5* scale,SlopeCml[i]- SlopeCml[i- 1]);
    else
        fprintf(f,"text j mc % lf,% lf % lf 0.0 % .3lf\n",
                Px,Py,3.5* scale,SlopeCml[i]- SlopeCml[i- 1]);
    Py=(deta+32.5)* scale;
    d=(SlopeH[i]- SlopeH[i- 1])/(SlopeCml[i]- SlopeCml[i- 1]);
    fprintf(f,"text j mc % lf,% lf % lf 0.0 % .1lf\n",
            Px,Py,3.5* scale,fabs(d)* 1000.0);
}
else //下坡
{
    Px=90.0* scale+SlopeCml[i- 1];
    Py=(deta+35.0)* scale;
    fprintf(f,"pline ");
    fprintf(f,"% lf,% lf ",Px,Py);
    fprintf(f,"w % lf % lf ",0.0,0.0);
    Px=90.0* scale+SlopeCml[i];
    Py=(deta+25.0)* scale;
    fprintf(f,"% lf,% lf ",Px,Py);
    fprintf(f,"\n");

    Px=90.0* scale+0.5* (SlopeCml[i]+SlopeCml[i- 1]);
    Py=(deta+27.5)* scale;
    d=SlopeCml[i]- SlopeCml[i- 1];
    d=d- (int)(d);
    if(d<0.001)
        fprintf(f,"text j mc % lf,% lf % lf 0.0 % .0lf\n",
                Px,Py,3.5* scale,SlopeCml[i]- SlopeCml[i- 1]);
    else
        fprintf(f,"text j mc % lf,% lf % lf 0.0 % .3lf\n",
                Px,Py,3.5* scale,SlopeCml[i]- SlopeCml[i- 1]);
    Py=(deta+32.5)* scale;
    d=(SlopeH[i]- SlopeH[i- 1])/(SlopeCml[i]- SlopeCml[i- 1]);
    fprintf(f,"text j mc % lf,% lf % lf 0.0 % .1lf\n",
            Px,Py,3.5* scale,fabs(d)* 1000.0);
}
```

```
        }
    }

    Px = 35.0* scale;
    Py = (deta+30)* scale;
    fprintf(f,"text j mc % lf,% lf % lf 0.0 设计坡度\n",Px,Py,5.0* scale);


    Px = 15.0* scale;
    Py = (deta+50.0)* scale;
    fprintf(f,"pline ");
    fprintf(f,"% lf,% lf ",Px,Py);
    fprintf(f,"w % lf % lf ",0.0,0.0);
    Px = 55.0* scale;
    fprintf(f,"% lf,% lf ",Px,Py);
    fprintf(f,"\n");


    for(i = 0; i<SlopeNum; i++)
    {
        Px = 90.0* scale+SlopeCml[i];
        Py = (deta+35.5)* scale;
        fprintf(f,"text j ml % lf,% lf % lf 90.0 % .3lf\n",Px,Py,3.5* scale,SlopeH[i]);
    }
    Px = 35.0* scale;
    Py = (deta+42.5)* scale;
    fprintf(f,"text j mc % lf,% lf % lf 0.0 路肩设计高程\n",Px,Py,5.0* scale);
    Px = 35.0* scale+len* 0.5;
    Py = (deta+55.0)* scale;
    fprintf(f,"text j mc % lf,% lf % lf 0.0 线路行经地区无不良地质\n",Px,Py,5.0* scale);
    Px = 35.0* scale;
    Py = (deta+55.0)* scale;
    fprintf(f,"text j mc % lf,% lf % lf 0.0 工程地质概况\n",Px,Py,5.0* scale);

    //主要技术标准框
    Px = 15.0* scale;
    Py = 180.0* scale;
    fprintf(f,"pline ");
    fprintf(f,"% lf,% lf ",Px,Py);
    fprintf(f,"w % lf % lf ",0.5* scale,0.5* scale);
```

```
    Px = Px+40.0* scale;
    fprintf(f,"% lf,% lf ",Px,Py);
    Py = Py+80.0* scale;
    fprintf(f,"% lf,% lf ",Px,Py);
    Px = 15.0* scale;
    fprintf(f,"% lf,% lf ",Px,Py);
    Px = 15.0* scale;
    Py = 180.0* scale;
    fprintf(f,"% lf,% lf ",Px,Py);
    fprintf(f,"\n");

    for(i = 1; i<8; i++)
    {
        Px = 15.0* scale;
        Py = (180+i* 10.0)* scale;
        fprintf(f,"pline ");
        fprintf(f,"% lf,% lf ",Px,Py);
        fprintf(f,"w % lf % lf ",0.0,0.0);
        Px = 55.0* scale;
        fprintf(f,"% lf,% lf ",Px,Py);
        fprintf(f,"\n");
    }

    Px = 20.0* scale;
    Py = 265.0* scale;
    fprintf(f,"pline ");
    fprintf(f,"% lf,% lf ",Px,Py);
    fprintf(f,"w % lf % lf ",0.5* scale,0.5* scale);
    Px = 50.0* scale;
    Py = 265.0* scale;
    fprintf(f,"% lf,% lf ",Px,Py);
    fprintf(f,"\n");

    Px = 35.0* scale;
    Py = 260.0* scale;
    fprintf(f,"pline ");
    fprintf(f,"% lf,% lf ",Px,Py);
    fprintf(f,"w % lf % lf ",0.0,0.0);
```

```
Py = 180.0* scale;
fprintf(f,"% lf,% lf ",Px,Py);
fprintf(f,"\n");


Px = 35.0* scale;
Py = 269.0* scale;
fprintf(f,"text j mc % lf,% lf % lf 0.0 主要技术标准 \n",Px,Py,3.5* scale);


Px = 25.0* scale;
Py = 255.0* scale;
fprintf(f,"text j mc % lf,% lf % lf 0.0 铁路等级 \n",Px,Py,3.5* scale);
Px = 45.0* scale;
Py = 255.0* scale;
fprintf(f,"text j mc % lf,% lf % lf 0.0 % s \n",Px,Py,3.5* scale,RailwayGrade);


Px = 25.0* scale;
Py = 245.0* scale;
fprintf(f,"text j mc % lf,% lf % lf 0.0 正线数目 \n",Px,Py,3.5* scale);
Px = 45.0* scale;
Py = 245.0* scale;
fprintf(f,"text j mc % lf,% lf % lf 0.0 % s \n",Px,Py,3.5* scale,TrackNum);


Px = 25.0* scale;
Py = 235.0* scale;
fprintf(f,"text j mc % lf,% lf % lf 0.0 限制坡度 \n",Px,Py,3.5* scale);
Px = 45.0* scale;
Py = 235.0* scale;
fprintf(f,"text j mc % lf,% lf % lf 0.0 % 0.1lf‰ \n",Px,Py,3.5* scale,SlopeMax);


Px = 25.0* scale;
Py = 225.0* scale;
 fprintf(f,"text j mc % lf,% lf % lf 0.0 最小曲线半径 \n",Px,Py,3.0* scale);
Px = 45.0* scale;
Py = 225.0* scale;
fprintf(f,"text j mc % lf,% lf % lf 0.0 % dm \n",Px,Py,3.5* scale,(int)(RadiusMin+0.001));


Px = 25.0* scale;
Py = 215.0* scale;
```

```
fprintf(f,"text j mc % lf,% lf % lf 0.0 牵引种类\n",Px,Py,3.5* scale);
Px=45.0* scale;
Py=215.0* scale;
fprintf(f,"text j mc % lf,% lf % lf 0.0 % s\n",Px,Py,3.5* scale,TractionKind);


Px=25.0* scale;
Py=205.0* scale;
fprintf(f,"text j mc % lf,% lf % lf 0.0 机车类型\n",Px,Py,3.5* scale);
Px=45.0* scale;
Py=205.0* scale;
fprintf(f,"text j mc % lf,% lf % lf 0.0 % s\n",Px,Py,3.5* scale,Locomotive);


Px=25.0* scale;
Py=195.0* scale;
fprintf(f,"text j mc % lf,% lf % lf 0.0 到发线有效长\n",Px,Py,2.5* scale);
Px=45.0* scale;
Py=195.0* scale;
fprintf(f,"text j mc % lf,% lf % lf 0.0 % dm\n",Px,Py,3.5* scale,(int)(TrackValidLen+0.01));


Px=25.0* scale;
Py=185.0* scale;
fprintf(f,"text j mc % lf,% lf % lf 0.0 闭塞类型\n",Px,Py,3.5* scale);
Px=45.0* scale;
Py=185.0* scale;
fprintf(f,"text j mc % lf,% lf % lf 0.0 % s\n",Px,Py,3.5* scale,Signal);
//主要技术标准框完毕


//桥梁
for(i=0; i<BRIn; i++)
{
    CalGroundHeight(BRIsml[i],pGroundPointNum,pGroundPointCml,
                    pGroundPointH,h);
    Px=90.0* scale+BRIsml[i];
    Py=(deta+60+deta)* scale+(h- 10.0* (int)(Hmin/10.0))* scale;
    fprintf(f,"pline ");
    fprintf(f,"% lf,% lf ",Px,Py);
    fprintf(f,"w % lf % lf ",0.0,0.0);
    CalDesignHeight(BRIsml[i],SlopeNum,SlopeCml,SlopeH,h);
```

```
Py = (deta+60+deta)* scale+(h- 10.0* (int)(Hmin/10.0))* scale;
fprintf(f,"% lf,% lf \n",Px,Py);


CalGroundHeight(BRIeml[i],pGroundPointNum,pGroundPointCml,
               pGroundPointH,h);
Px = 90.0* scale+BRIeml[i];
Py = (deta+60+deta)* scale+(h- 10.0* (int)(Hmin/10.0))* scale;
fprintf(f,"pline ");
fprintf(f,"% lf,% lf ",Px,Py);
fprintf(f,"w % lf % lf ",0.0,0.0);
CalDesignHeight(BRIeml[i],SlopeNum,SlopeCml,SlopeH,h);
Py = (deta+60+deta)* scale+(h- 10.0* (int)(Hmin/10.0))* scale;
fprintf(f,"% lf,% lf \n",Px,Py);


CalDesignHeight(BRIsml[i],SlopeNum,SlopeCml,SlopeH,h);
Px = 90.0* scale+BRIsml[i];
Py = (deta+60+deta)* scale+(h- 10.0* (int)(Hmin/10.0))* scale- 2.4* scale;
fprintf(f,"pline ");
fprintf(f,"% lf,% lf ",Px,Py);
fprintf(f,"w % lf % lf ",0.0,0.0);
for(j = 0; j<SlopeNum; j++)
{
    if(SlopeCml[j]>BRIsml[i]&&SlopeCml[j]<BRIeml[i])
    {
        CalDesignHeight(SlopeCml[j],SlopeNum,SlopeCml,SlopeH,h);
        Px = 90.0* scale+SlopeCml[j];
        Py = (deta+60+deta)* scale+(h- 10.0* (int)(Hmin/10.0))* scale- 2.4* scale;
        fprintf(f,"% lf,% lf ",Px,Py);
    }
}
CalDesignHeight(BRIeml[i],SlopeNum,SlopeCml,SlopeH,h);
Px = 90.0* scale+BRIeml[i];
Py = (deta+60+deta)* scale+(h- 10.0* (int)(Hmin/10.0))* scale- 2.4* scale;
fprintf(f,"% lf,% lf \n",Px,Py);

//写桥名及中心里程
sprintf(str,"L—% 0.3lfm",BRIeml[i]- BRIsml[i]);
k = (int)strlen(str);
```

141

```
        cmltosml(0.5* (BRIsml[i]+BRIeml[i]),akml);
        sprintf(str,"% s% s",BRIname[i],akml);
        if(k<(int)strlen(str)) k=(int)strlen(str);


        CalDesignHeight(0.5* (BRIsml[i]+BRIeml[i]),SlopeNum,SlopeCml,SlopeH,h);
        Px=90.0* scale+0.5* (BRIsml[i]+BRIeml[i]);
        Py=(deta+60+deta)* scale+(h-10.0* (int)(Hmin/10.0))* scale-2.4* scale；
        fprintf(f,"pline ");
        fprintf(f,"% lf,% lf ",Px,Py);
        fprintf(f,"w % lf % lf ",0.0,0.0);
        Py=Py+0.75* k* 3.0* scale;
        fprintf(f,"% lf,% lf \n",Px,Py);


        Py=(deta+60+deta)* scale+
            (h-10.0* (int)(Hmin/10.0))* scale-2.4* scale+0.75* 3.0* 0.5* k* scale;
        Px=90.0* scale+0.5* (BRIsml[i]+BRIeml[i])+2.0* scale;
        fprintf(f,"text j mc % lf,% lf % lf 90.0 % s\n",Px,Py,3.0* scale,str);


        sprintf(str,"L—% 0.3lfm",BRIeml[i]-BRIsml[i]);
        Py=(deta+60+deta)* scale+
            (h-10.0* (int)(Hmin/10.0))* scale-2.4* scale+0.75* 3.0* 0.5* k* scale;
        Px=90.0* scale+0.5* (BRIsml[i]+BRIeml[i])-2.0* scale;
        fprintf(f,"text j mc % lf,% lf % lf 90.0 % s\n",Px,Py,3.0* scale,str);
    }
//绘桥梁完毕

//隧道
for(i=0；i<TUNn；i++)
    {
        CalGroundHeight(TUNsml[i],pGroundPointNum,pGroundPointCml,
                        pGroundPointH,h);
        Px=90.0* scale+TUNsml[i];
        Py=(deta+60+deta)* scale+(h-10.0* (int)(Hmin/10.0))* scale;
        fprintf(f,"pline ");
        fprintf(f,"% lf,% lf ",Px,Py);
        fprintf(f,"w % lf % lf ",0.0,0.0);
        CalDesignHeight(TUNsml[i],SlopeNum,SlopeCml,SlopeH,h);
        Py=(deta+60+deta)* scale+(h-10.0* (int)(Hmin/10.0))* scale;
```

```
fprintf(f,"% lf,% lf \n",Px,Py);

CalGroundHeight(TUNeml[i],pGroundPointNum,pGroundPointCml,
                pGroundPointH,h);
Px=90.0* scale+TUNeml[i];
Py=(deta+60+deta)* scale+(h-10.0* (int)(Hmin/10.0))* scale;
fprintf(f,"pline ");
fprintf(f,"% lf,% lf ",Px,Py);
fprintf(f,"w % lf % lf ",0.0,0.0);
CalDesignHeight(TUNeml[i],SlopeNum,SlopeCml,SlopeH,h);
Py=(deta+60+deta)* scale+(h-10.0* (int)(Hmin/10.0))* scale;
fprintf(f,"% lf,% lf \n",Px,Py);

CalDesignHeight(TUNsml[i],SlopeNum,SlopeCml,SlopeH,h);
Px=90.0* scale+TUNsml[i];
Py=(deta+60+deta)* scale+(h-10.0* (int)(Hmin/10.0))* scale+6.0* scale;
fprintf(f,"pline ");
fprintf(f,"% lf,% lf ",Px,Py);
fprintf(f,"w % lf % lf ",2.4* scale,2.4* scale);
for(j=0; j<SlopeNum; j++)
{
    if(SlopeCml[j]>TUNsml[i]&&SlopeCml[j]<TUNeml[i])
    {
        CalDesignHeight(SlopeCml[j],SlopeNum,SlopeCml,SlopeH,h);
        Px=90.0* scale+SlopeCml[j];
        Py=(deta+60+deta)* scale+(h-10.0* (int)(Hmin/10.0))* scale+6.0* scale;
        fprintf(f,"% lf,% lf ",Px,Py);
    }
}
CalDesignHeight(TUNeml[i],SlopeNum,SlopeCml,SlopeH,h);
Px=90.0* scale+TUNeml[i];
Py=(deta+60+deta)* scale+(h-10.0* (int)(Hmin/10.0))* scale+6.0* scale;
fprintf(f,"% lf,% lf \n",Px,Py);

//写隧道名及长度
sprintf(str,"% s% 0.3lfm",TUNname[i],TUNeml[i]-TUNsml[i]);
k=(int)strlen(str);
```

```
        CalDesignHeight(0.5* (TUNsml[i]+TUNeml[i]),SlopeNum,SlopeCml,SlopeH,h);
        Px=90.0* scale+0.5* (TUNsml[i]+TUNeml[i]);
        Py=(deta+60+deta)* scale+(h- 10.0* (int)(Hmin/10.0))* scale+6.0* scale;
        fprintf(f,"pline ");
        fprintf(f,"% lf,% lf ",Px,Py);
        fprintf(f,"w % lf % lf ",0.0,0.0);
        Py=Py+0.75* k* 3.0* scale;
        fprintf(f,"% lf,% lf \n",Px,Py);

        Py=(deta+60+deta)* scale+(h- 10.0* (int)(Hmin/10.0))* scale+6.0* scale+
            0.75* 3.0* 0.5* k* scale;
        Px=90.0* scale+0.5* (TUNsml[i]+TUNeml[i])- 3.0* scale;
        fprintf(f,"text j mc % lf,% lf % lf 90.0 % s \n",Px,Py,3.0* scale,str);
    }
    //绘隧道完毕

    //车站
    for(i=0; i<STAn; i++)
    {
        CalDesignHeight(STAcml[i],SlopeNum,SlopeCml,SlopeH,h);
        Px=90.0* scale+STAcml[i];
        Py=(deta+60+deta)* scale+(h- 10.0* (int)(Hmin/10.0))* scale;
        cmltosml(STAcml[i],akml);

        d=(0.75* 3.0* strlen(akml)+12.0)* scale;
        DrawStaMark(f,0.5* PI,Px,Py,d,STAside[i]);
        Px=Px- 2.0* scale;
        Py=Py+0.5* (0.75* 3.0* strlen(akml)+2.0)* scale;
        fprintf(f,"text j mc % lf,% lf % lf 90.0 % s \n",Px,Py,3.0* scale,akml);

        //标站名
        Px=90.0* scale+STAcml[i];
        Py=(deta+60+deta)* scale+(h- 10.0* (int)(Hmin/10.0))* scale+d+5.0* scale;
        fprintf(f,"text j mc % lf,% lf % lf 0.0 % s \n",Px,Py,6.0* scale,STAname[i]);

        if(i! = STAn- 1)
        {
            sprintf(str,"至% s% 0.3lfkm",
```

```
                    STAname[i+1],(STAcml[i+1]-STAcml[i])/1000.0);
            k=(int)strlen(str);
            Px=90.0* scale+STAcml[i];
            Py=(deta+60+deta)* scale+(h-10.0* (int)(Hmin/10.0))* scale+d-12.0* scale;
            fprintf(f,"pline ");
            fprintf(f,"% lf,% lf ",Px,Py);
            fprintf(f,"w % lf % lf ",0.0,0.0);
            Px=Px+0.75* 3.0* k* scale+5.0* scale;
            fprintf(f,"% lf,% lf \n",Px,Py);

            Px=90.0* scale+STAcml[i]+5.0* scale+0.5* 0.75* 3.0* k* scale;
            Py=(deta+60+deta)* scale+(h-10.0* (int)(Hmin/10.0))* scale+d-9.0* scale;
            fprintf(f,"text j mc % lf,% lf % lf 0.0 % s\n",Px,Py,3.0* scale,str);
        }

    if(i! =0)
    {
        sprintf(str,"至% s% 0.3lfkm",STAname[i-1],(STAcml[i]-STAcml[i-1])/1000.0);
        k=(int)strlen(str);
        Px=90.0* scale+STAcml[i];
        Py=(deta+60+deta)* scale+(h-10.0* (int)(Hmin/10.0))* scale+d-12.0* scale;
            fprintf(f,"pline ");
            fprintf(f,"% lf,% lf ",Px,Py);
            fprintf(f,"w % lf % lf ",0.0,0.0);
            Px=Px-0.75* 3.0* k* scale-5.0* scale;
            fprintf(f,"% lf,% lf \n",Px,Py);

            Px=90.0* scale+STAcml[i]-5.0* scale-0.5* 0.75* 3.0* k* scale;
            Py=(deta+60+deta)* scale+(h-10.0* (int)(Hmin/10.0))* scale+d-9.0* scale;
            fprintf(f,"text j mc % lf,% lf % lf 0.0 % s\n",Px,Py,3.0* scale,str);
        }
    }
    //绘车站完毕
    fprintf(f,"zoom e\n");
    fclose(f);
}
```

第5章

横断面数字化设计

横断面数字化设计是在线路平面及纵断面确定后，根据横断面设计模板确定标准横断面、纵断面设计高程及横断面地面线，自动布置横断面并考虑挡土墙设置，计算土石方填挖数量，绘制横断面图。

5.1 获取横断面地面线高程

由于横断面地面线是一条折线，所以可根据计算点到横断面中心的距离 d 及横断面地面线数据采用线性内插法计算指定点处的地面高程。计算时首先确定计算点在折线上的哪一段，然后在该线段上内插其地面高程。

```
double GetCROSSgph(double d, int cngp, double * cgp)
{
    double h;
    int i, flag;

    h = - 1000000.0;
    for(i = 0; i<cngp- 1; i++)
    {
        if(d> = cgp[i* 2+0]- 0.001&&d< = cgp[i* 2+2]+0.001)
        {
            h = cgp[i* 2+1]+(cgp[i* 2+3]- cgp[i* 2+1])/
                (cgp[i* 2+2]- cgp[i* 2+0])* (d- cgp[i* 2+0]);
            break;
        }
    }
    return h;
}
```

5.2　横断面设计

　　横断面设计就是依据横断面地面线与路基面标高将标准横断面模板与横断面地面线组装在一起，路基横断面的边坡设计线与地面线的交点即为填方路基的坡脚或挖方路基的坡顶，这就是"戴帽子"。一般需按左、右侧分别进行。应当说明的是，路基是填还是挖，不是依据中心填挖高来判定，而是依据路肩的填挖来判定。一般情况下，横断面设计直接在某一图形环境（如 AutoCAD）下进行，设计成果就是横断面图及有关数据。

　　由于路堤与路堑的路基面宽度不同，所以左、右路基面半宽需根据左、右侧路基填挖类型确定，而填挖类型又与路基半宽相关，在填挖类型未知的情况下，可先假定填挖类型，按假定的填挖类型来拟定左（右）侧路基半宽，再计算该侧路肩处设计标高与地面标高，从而可知实际填挖类型。如假定填挖类型与实际填挖类型不吻合，需更改填挖类型重新进行计算，只有当假定填挖类型与实际填挖类型一致时才可继续进行下一步设计。

　　特殊情况如图 5-1 所示，*A* 点为左侧路堤边坡起点，但该点处地面高大于设计高；*B* 点为左侧路堑路边坡起点，但该点处地面高大于设计高，此时该侧路基既不是路堤也不是路堑，这种情况下可求该侧地面线与线段 *AB* 的交点，此点即为该侧路基设计终点，设计终止。

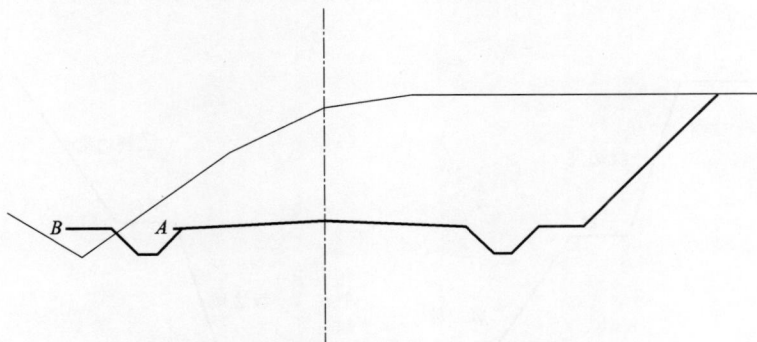

图 5-1　填挖类型判断时的特殊情形

　　在左、右侧填挖类型确定后，即可进行边坡设计。如图 5-2 所示，按前述方法，左半侧路肩处为填方，则该断面的左半部为填方断面，要用填方的标准横断面"戴帽子"；右半侧路肩处为挖方，则该断面的右半部为挖方断面，要用挖方的标准横断面"戴帽子"。根据标准横断面边坡数据，从路肩开始按拟定的边坡线逐段放坡，寻求边坡线与地面线的交点。

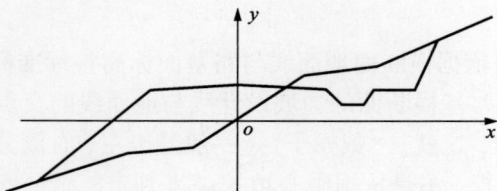

图 5-2　横断面设计图式

综上所述，横断面设计步骤如下：

①判定填挖类型，如为非路堤、路堑，按特殊情形处理，转⑥；否则置 $i=1$，设置路堤时转③。

②进行水沟及碎落台设计。

③按第 i 级边坡坡率 m_i 及一级边坡高 h_i 放坡，如边坡线与地面线有交点，转⑥。

④如第 i 级边坡上拟设定平台，则进行第 i 级平台设计，如平台线与地面线有交点，转⑥；否则转⑤。

⑤置 $i=i+1$，如 i 小于拟设置的边坡最大级数，转③；否则设计失败，转⑥。

⑥结束。

按如图 5-3 所示的横断面设计模板进行横断面设计的程序如下。

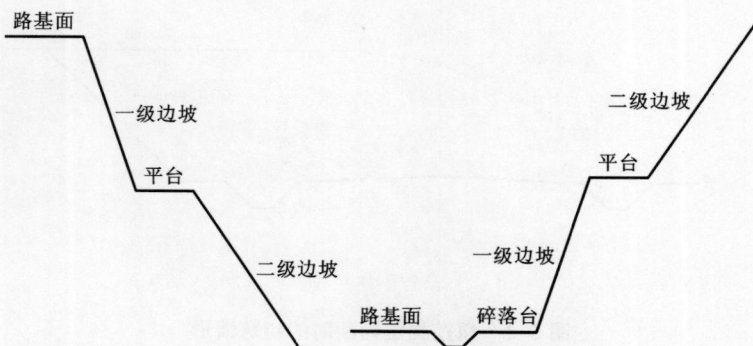

图 5-3　横断面设计模板

```
void CrossDesign(int CrossNum,/* 横断面个数* /
                 int cGroundPointNum[300],/* 横断面地面线点数* /
                 double cGroundPointXY[300][20],/* 横断面地面线坐标* /
                 double * CrossLevel,/* 横断面路肩高程* /
                 int     ndtw,       /* 加宽数据个数* /
                 double * dtw,        /* 主点加宽数据* /
                 int lDrainTempletNum,/* 左侧路堑水沟断面点数* /
                 double (* lDrainTempletXY)[2],/* 左侧路堑水沟断面坐标* /
                 int rDrainTempletNum,/* 右侧路堑水断面点数* /
                 double (* rDrainTempletXY)[2],/* 右侧路堑水断面坐标* /
                 double FillW,/* 路堤路基面宽* /
                 double FillH1,/* 路堤一级边坡高* /
                 double FillSlope1,/* 路堤一级边坡坡度* /
                 double FillStageW,
                 double FillH2,/* 路堤二级边坡高* /
                 double FillSlope2,/* 路堤二级边坡坡度* /
                 double CutW,/* 路堑路基面宽* /
                 double CutStageW1,/* 路堑水沟平台宽* /
                 double CutH1,/* 路堑一级边坡高* /
                 double CutSlope1,/* 路堑一级边坡坡度* /
                 double CutStageW2,/* 路堑一二级边坡间平台宽* /
                 double CutH2,/* 路堑二级边坡高* /
                 double CutSlope2,/* 路堑二级边坡坡度* /
                 double CrossCml[300],/* 横断面里程* /
                 int * lCrossKind,/* 路基左侧类型* /
                 int * lFormationPointNum,/* 左侧路基面点数* /
                 double lFormationPointXY[300][10],/* 左侧路基面上各点坐标* /
                 int lDrainPointNum[300],/* 左侧水沟点数* /
                 double lDrainPointXY[300][20],/* 左侧水沟点坐标* /
                 int lSlopePointNum[300],/* 左侧边坡点数* /
                 double lSlopePointXY[300][20],/* 左侧边坡点坐标* /
                 int * rCrossKind,/* 路基右侧类型* /
                 int * rFormationPointNum,/* 右侧路基面点数* /
                 double rFormationPointXY[300][10],/* 右侧路基面坐标* /
                 int rDrainPointNum[300],/* 右侧水沟点数* /
                 double rDrainPointXY[300][20],/* 右侧水沟点坐标* /
                 int rSlopePointNum[300],/* 右侧边坡点数* /
                 double rSlopePointXY[300][20]/* 右边坡点坐标* /
```

```
            )

{
    int i,j,k,m;
    double CUTsidedrainw；    //路堑边沟宽
    double gph,ch,x,y,x1,y1,x2,y2,x3,y3,x4,y4,ldtw,rdtw;
    //带冠号的横断面里程
    char sml[30];

    for(i=0; i<CrossNum; i++)
    {
        ch=CrossLevel[i];
        //左侧设计
        CalCurveWidening(CrossCml[i],ndtw,dtw,ldtw,rdtw);
        gph=GetCROSSgph(- FillW* 0.5- ldtw,cGroundPointNum[i],cGroundPointXY[i]);
        if(gph<ch)        //按路堤设计
        {
            //左半路基面
            lFormationPointNum[i]=2;
            lFormationPointXY[i][0]=0.0;
            lFormationPointXY[i][1]=ch+CROWN;

            lFormationPointXY[i][2]= - FillW* 0.5- ldtw;
            lFormationPointXY[i][3]=ch;
            //左半路基面结束

            lDrainPointNum[i]=0;

            //左边坡
            x1=lFormationPointXY[i][2];
            y1=lFormationPointXY[i][3];

            x2=x1- FillH1* FillSlope1;
            y2=y1- FillH1;

            lSlopePointNum[i]=1;
            lSlopePointXY[i][0]=x1;
            lSlopePointXY[i][1]=y1;
```

```
m = 1；
for(j = 0；j<cGroundPointNum[i]-1；j++)
{
    x3 = cGroundPointXY[i][j* 2+0]；
    y3 = cGroundPointXY[i][j* 2+1]；


    x4 = cGroundPointXY[i][j* 2+2]；
    y4 = cGroundPointXY[i][j* 2+3]；
    k = GetTwoLineSegmentIntersection(x1,y1,x2,y2,x3,y3,x4,y4,x,y)；
    if(k = = 1)
    {
        //两线段有交点
        //lSlopePointNum[i] = 2；
        lSlopePointXY[i][2* m+0] = x；
        lSlopePointXY[i][2* m+1] = y；
        m++；
        break；
    }
}


if(k! = 1)
{
    lSlopePointXY[i][2* m+0] = lSlopePointXY[i][2* m- 2]- FillH1* FillSlope1；
    lSlopePointXY[i][2* m+1] = lSlopePointXY[i][2* m- 1]- FillH1；
    m++；
}


if(k! = 1&&FillStageW>0.1)
{
    //一二级边坡平台设计
    x1 = lSlopePointXY[i][2* m- 2]；
    y1 = lSlopePointXY[i][2* m- 1]；


    x2 = x1- FillStageW；
    y2 = y1；
    for(j = 0；j<cGroundPointNum[i]-1；j++)
    {
        x3 = cGroundPointXY[i][j* 2+0]；
```

151

```
            y3 = cGroundPointXY[i][j* 2+1];

            x4 = cGroundPointXY[i][j* 2+2];
            y4 = cGroundPointXY[i][j* 2+3];
            k = GetTwoLineSegmentIntersection(x1,y1,x2,y2,x3,y3,x4,y4,x,y);
            if(k = = 1)
            {
                //两线段有交点
                lSlopePointXY[i][2* m+0] = x;
                lSlopePointXY[i][2* m+1] = y;
                m++;
                break;
            }
        }
    }

    if(k! = 1&&FillStageW>0.1)
    {
        lSlopePointXY[i][2* m+0] = lSlopePointXY[i][2* m- 2]- FillStageW;
        lSlopePointXY[i][2* m+1] = lSlopePointXY[i][2* m- 1];
        m++;
    }
    //开始二级边坡设计
    if(k! = 1)
    {
        x1 = lSlopePointXY[i][2* m- 2];
        y1 = lSlopePointXY[i][2* m- 1];

        x2 = x1- FillH2* FillSlope2;
        y2 = y1- FillH2;

        for(j = 0; j<cGroundPointNum[i]- 1; j++)
        {
            x3 = cGroundPointXY[i][j* 2+0];
            y3 = cGroundPointXY[i][j* 2+1];

            x4 = cGroundPointXY[i][j* 2+2];
```

152

```
                y4 = cGroundPointXY[i][j* 2+3];
                k = GetTwoLineSegmentIntersection(x1,y1,x2,y2,x3,y3,x4,y4,x,y);
                if(k = = 1)
                {
                        //两线段有交点
                        lSlopePointXY[i][2* m+0] = x;
                        lSlopePointXY[i][2* m+1] = y;
                        m++;
                        //lSlopePointNum[i] = m;
                        break;
                }
            }
        }

        if(k! = 1)
        {
            //需三级以上边坡或设置桥梁
            lSlopePointXY[i][2* m+0] = x2;
            lSlopePointXY[i][2* m+1] = y2;
            m++;
            cmltosml(CrossCml[i],sml);

            printf("错误: % s 左侧填高太大,边坡与地面线没交点,需设置桥梁! \n",sml);
            return;
        }
        lSlopePointNum[i] = m;
        //左路堤设计结束
        lCrossKind[i] = - 1;
    }
    else
    {
        CUTsidedrainw = lDrainTempletXY[0][0]
                        - lDrainTempletXY[lDrainTempletNum- 1][0];
        gph = GetCROSSgph(- CutW* 0.5- ldtw- CUTsidedrainw- CutStageW1,
                        cGroundPointNum[i],cGroundPointXY[i]);
        if(gph>ch)    //按路堑设计
        {
            k = - 1;
```

```
//中间半路基面
lFormationPointNum[i]=2;
lFormationPointXY[i][0]=0.0;
lFormationPointXY[i][1]=ch+CROWN;

lFormationPointXY[i][2]=-CutW* 0.5-ldtw;
lFormationPointXY[i][3]=ch;
//中间半路基面结束

//边沟设计
lDrainPointNum[i]=lDrainTempletNum;
for(j=0; j<lDrainTempletNum; j++)
{
    lDrainPointXY[i][j* 2+0]=lFormationPointXY[i][2]
                            +lDrainTempletXY[j][0];
    lDrainPointXY[i][j* 2+1]=lFormationPointXY[i][3]
                            +lDrainTempletXY[j][1];
}
//边沟设计完毕

lSlopePointNum[i]=1;
lSlopePointXY[i][0]=lDrainPointXY[i][(lDrainTempletNum-1)* 2+0];
lSlopePointXY[i][1]=lDrainPointXY[i][(lDrainTempletNum-1)* 2+1];

if(CutStageW1>0.0)
{
    //有水沟平台
    x1=lSlopePointXY[i][lSlopePointNum[i]* 2-2];
    y1=lSlopePointXY[i][lSlopePointNum[i]* 2-1];

    x2=x1-CutStageW1;
    y2=y1;

    for(j=0; j<cGroundPointNum[i]-1; j++)
    {
        x3=cGroundPointXY[i][j* 2+0];
        y3=cGroundPointXY[i][j* 2+1];
```

```
            x4 = cGroundPointXY[i][j* 2+2];
            y4 = cGroundPointXY[i][j* 2+3];
            k = GetTwoLineSegmentIntersection(x1,y1,x2,y2,x3,y3,x4,y4,x,y);
            if(k = = 1)
            {
                    //两线段有交点
                    lSlopePointNum[i] = lSlopePointNum[i]+1;
                    lSlopePointXY[i][lSlopePointNum[i]* 2- 2] = x;
                    lSlopePointXY[i][lSlopePointNum[i]* 2- 1] = y;
                    break;
            }
        }
        if(k! = 1)
        {
            lSlopePointNum[i] = lSlopePointNum[i]+1;
            lSlopePointXY[i][lSlopePointNum[i]* 2- 2] = x2;
            lSlopePointXY[i][lSlopePointNum[i]* 2- 1] = y2;
        }
    }


if(k! = 1)
{
    x1 = lSlopePointXY[i][lSlopePointNum[i]* 2- 2];
    y1 = lSlopePointXY[i][lSlopePointNum[i]* 2- 1];

    x2 = x1- CutH1* CutSlope1;
    y2 = y1+CutH1;
    for(j = 0; j<cGroundPointNum[i]- 1; j++)
    {
        x3 = cGroundPointXY[i][j* 2+0];
        y3 = cGroundPointXY[i][j* 2+1];

        x4 = cGroundPointXY[i][j* 2+2];
        y4 = cGroundPointXY[i][j* 2+3];
        k = GetTwoLineSegmentIntersection(x1,y1,x2,y2,x3,y3,x4,y4,x,y);
        if(k = = 1)
        {
```

```
                        //两线段有交点
                        lSlopePointNum[i] = lSlopePointNum[i]+1;
                        lSlopePointXY[i][lSlopePointNum[i]* 2- 2] = x;
                        lSlopePointXY[i][lSlopePointNum[i]* 2- 1] = y;
                        break;
                }
        }
        if(k! = 1)
        {
                lSlopePointNum[i] = lSlopePointNum[i]+1;
                lSlopePointXY[i][lSlopePointNum[i]* 2- 2] = x2;
                lSlopePointXY[i][lSlopePointNum[i]* 2- 1] = y2;
        }
}
if(k! = 1)
{
        if(CutStageW2>0.0)
        {
                x1 = lSlopePointXY[i][lSlopePointNum[i]* 2- 2];
                y1 = lSlopePointXY[i][lSlopePointNum[i]* 2- 1];

                x2 = x1- CutStageW2;
                y2 = y1;

                for(j = 0; j<cGroundPointNum[i]- 1; j++)
                {
                        x3 = cGroundPointXY[i][j* 2+0];
                        y3 = cGroundPointXY[i][j* 2+1];

                        x4 = cGroundPointXY[i][j* 2+2];
                        y4 = cGroundPointXY[i][j* 2+3];
                        k = GetTwoLineSegmentIntersection
                            (x1,y1,x2,y2,x3,y3,x4,y4,x,y);
                        if(k = = 1)
                        {
                                //两线段有交点
                                lSlopePointNum[i] = lSlopePointNum[i]+1;
                                lSlopePointXY[i][lSlopePointNum[i]* 2- 2] = x;
```

```
                lSlopePointXY[i][lSlopePointNum[i]*2-1]=y;
                break;
            }
        }
        if(k! = 1)
        {
            lSlopePointNum[i]=lSlopePointNum[i]+1;
            lSlopePointXY[i][lSlopePointNum[i]*2-2]=x2;
            lSlopePointXY[i][lSlopePointNum[i]*2-1]=y2;
        }
    }
    if(k! = 1)
    {
        //二级边坡
        x1=lSlopePointXY[i][lSlopePointNum[i]*2-2];
        y1=lSlopePointXY[i][lSlopePointNum[i]*2-1];

        x2=x1-CutH2* CutSlope2;
        y2=y1+CutH2;
        for(j=0; j<cGroundPointNum[i]-1; j++)
        {
            x3=cGroundPointXY[i][j*2+0];
            y3=cGroundPointXY[i][j*2+1];

            x4=cGroundPointXY[i][j*2+2];
            y4=cGroundPointXY[i][j*2+3];
            k=GetTwoLineSegmentIntersection
                (x1,y1,x2,y2,x3,y3,x4,y4,x,y);
            if(k= =1)
            {
                //两线段有交点
                lSlopePointNum[i]=lSlopePointNum[i]+1;
                lSlopePointXY[i][lSlopePointNum[i]*2-2]=x;
                lSlopePointXY[i][lSlopePointNum[i]*2-1]=y;
                break;
            }
        }
    }
```

```
        }
    if(k! = 1)
    {
            cmltosml(CrossCml[i],sml);
            printf("错误：% s 处左侧路堑需设置三级以上边坡 \n",sml);
    }

    lCrossKind[i] = 1;
}
else    //既不是路堤也不是路堑
{
    lFormationPointNum[i] = 2;
    lFormationPointXY[i][0] = 0.0;
    lFormationPointXY[i][1] = ch+CROWN;

    lFormationPointXY[i][2] = - FillW* 0.5;
    lFormationPointXY[i][3] = ch;

    lDrainPointNum[i] = 0;

    lSlopePointNum[i] = 1;
    lSlopePointXY[i][0] = lFormationPointXY[i][2];
    lSlopePointXY[i][1] = ch;

    x1 = lSlopePointXY[i][0];
    y1 = lSlopePointXY[i][1];

    x2 = x1- CUTsidedrainw;
    y2 = y1;
    for(j = 0; j<cGroundPointNum[i]- 1; j++)
    {
            x3 = cGroundPointXY[i][j* 2+0];
            y3 = cGroundPointXY[i][j* 2+1];

            x4 = cGroundPointXY[i][j* 2+2];
            y4 = cGroundPointXY[i][j* 2+3];
            k = GetTwoLineSegmentIntersection(x1,y1,x2,y2,x3,y3,x4,y4,x,y);
            if(k = = 1)
```

```
            {
                //两线段有交点
                lSlopePointNum[ i ] = 2;
                lSlopePointXY[ i ][ 2 ] = x;
                lSlopePointXY[ i ][ 3 ] = y;
                break;
            }
        }
        lCrossKind[ i ] = 0;
    }
}


//右侧设计
gph = GetCROSSgph(FillW* 0.5+rdtw , cGroundPointNum[ i ] , cGroundPointXY[ i ]);
if(gph<ch)
{
    //按路堤
    rFormationPointNum[ i ] = 2;
    rFormationPointXY[ i ][ 0 ] = 0.0;
    rFormationPointXY[ i ][ 1 ] = ch+CROWN;

    rFormationPointXY[ i ][ 2 ] = FillW* 0.5+rdtw;
    rFormationPointXY[ i ][ 3 ] = ch;

    rDrainPointNum[ i ] = 0;

    rSlopePointXY[ i ][ 0 ] = rFormationPointXY[ i ][ 2 ];
    rSlopePointXY[ i ][ 1 ] = rFormationPointXY[ i ][ 3 ];
    m = 1;

    x1 = rSlopePointXY[ i ][ 0 ];
    y1 = rSlopePointXY[ i ][ 1 ];

    x2 = x1+FillH1* FillSlope1;
    y2 = y1- FillH1;
    for(j = 0; j<cGroundPointNum[ i ]- 1; j++)
    {
```

```
            x3 = cGroundPointXY[i][j* 2+0];
            y3 = cGroundPointXY[i][j* 2+1];

            x4 = cGroundPointXY[i][j* 2+2];
            y4 = cGroundPointXY[i][j* 2+3];
            k = GetTwoLineSegmentIntersection(x1,y1,x2,y2,x3,y3,x4,y4,x,y);
            if(k = = 1)
            {
                //两线段有交点
                rSlopePointXY[i][2* m+0] = x;
                rSlopePointXY[i][2* m+1] = y;
                m++;
                break;
            }
        }

        if(k! = 1)
        {
            rSlopePointXY[i][2* m+0] = rFormationPointXY[i][2]+FillH1* FillSlope1;
            rSlopePointXY[i][2* m+1] = rFormationPointXY[i][3]- FillH1;
            m++;
        }

        if(k! = 1&&FillStageW>0.1)
        {
            //一二级边坡平台设计
            x1 = rSlopePointXY[i][2* m- 2];
            y1 = rSlopePointXY[i][2* m- 1];

            x2 = x1+FillStageW;
            y2 = y1;
            for(j = 0; j<cGroundPointNum[i]- 1; j++)
            {
                x3 = cGroundPointXY[i][j* 2+0];
                y3 = cGroundPointXY[i][j* 2+1];

                x4 = cGroundPointXY[i][j* 2+2];
                y4 = cGroundPointXY[i][j* 2+3];
```

```
        k = GetTwoLineSegmentIntersection(x1,y1,x2,y2,x3,y3,x4,y4,x,y);
        if(k = = 1)
        {
                //两线段有交点
                rSlopePointXY[i][2* m+0] = x;
                rSlopePointXY[i][2* m+1] = y;
                m++;
                break;
        }
    }
}


if(k! = 1&&FillStageW>0.1)
{
    rSlopePointXY[i][2* m+0] = rSlopePointXY[i][2* m- 2]+FillStageW;
    rSlopePointXY[i][2* m+1] = rSlopePointXY[i][2* m- 1];
    m++;
}


if(k! = 1)    //二级边坡设计
{
    x1 = rSlopePointXY[i][2* m- 2];
    y1 = rSlopePointXY[i][2* m- 1];

    x2 = x1+FillH2* FillSlope2;
    y2 = y1- FillH2;

    for(j = 0; j<cGroundPointNum[i]- 1; j++)
    {
        x3 = cGroundPointXY[i][j* 2+0];
        y3 = cGroundPointXY[i][j* 2+1];

        x4 = cGroundPointXY[i][j* 2+2];
        y4 = cGroundPointXY[i][j* 2+3];
        k = GetTwoLineSegmentIntersection(x1,y1,x2,y2,x3,y3,x4,y4,x,y);
        if(k = = 1)
        {
                //两线段有交点
```

161

```
                //rSlopePointNum[i] = 4;
                rSlopePointXY[i][2* m+0] = x;
                rSlopePointXY[i][2* m+1] = y;
                m++;
                break;
            }
        }

        if(k! = 1)//需三级
        {
            //rSlopePointNum[i] = 4;
            rSlopePointXY[i][2* m+0] = x2;
            rSlopePointXY[i][2* m+1] = y2;
            cmltosml(CrossCml[i],sml);
            printf ("错误: % s 右侧填高太大,边坡与地面线没交点,需设置桥梁!
                \n",sml);
            return;
        }
    }
    rSlopePointNum[i] = m;
    rCrossKind[i] = - 1;
}
else//按路堑
{
    CUTsidedrainw = rDrainTempletXY[ rDrainTempletNum- 1][0]-
                rDrainTempletXY[0][0];
    gph = GetCROSSgph(CutW* 0.5+rdtw+CUTsidedrainw+CutStageW1,
                cGroundPointNum[i],cGroundPointXY[i]);
    if(gph>ch)
    {
        k = - 1;
        //右路基面
        rFormationPointNum[i] = 2;
        rFormationPointXY[i][0] = 0.0;
        rFormationPointXY[i][1] = ch+CROWN;

        rFormationPointXY[i][2] = CutW* 0.5+rdtw;
        rFormationPointXY[i][3] = ch;
```

```
//右边沟
rDrainPointNum[i] = rDrainTempletNum;
for(j = 0; j<rDrainTempletNum; j++)
{
    rDrainPointXY[i][j* 2+0] = rFormationPointXY[i][2]+rDrainTempletXY[j][0];
    rDrainPointXY[i][j* 2+1] = rFormationPointXY[i][3]+rDrainTempletXY[j][1];
}
//边沟设计完毕

//路堑边坡设计
rSlopePointNum[i] = 1;
rSlopePointXY[i][0] = rDrainPointXY[i][(rDrainTempletNum- 1)* 2+0];
rSlopePointXY[i][1] = rDrainPointXY[i][(rDrainTempletNum- 1)* 2+1];
if(CutStageW1>0.0)
{
    //水沟平台设计
    x1 = rSlopePointXY[i][rSlopePointNum[i]* 2- 2];
    y1 = rSlopePointXY[i][rSlopePointNum[i]* 2- 1];

    x2 = x1+CutStageW1;
    y2 = y1;

    for(j = 0; j<cGroundPointNum[i]- 1; j++)
    {
        x3 = cGroundPointXY[i][j* 2+0];
        y3 = cGroundPointXY[i][j* 2+1];

        x4 = cGroundPointXY[i][j* 2+2];
        y4 = cGroundPointXY[i][j* 2+3];
        k = GetTwoLineSegmentIntersection(x1,y1,x2,y2,x3,y3,x4,y4,x,y);
        if(k = = 1)
        {
            //两线段有交点
            rSlopePointNum[i] = rSlopePointNum[i]+1;
            rSlopePointXY[i][rSlopePointNum[i]* 2- 2] = x;
            rSlopePointXY[i][rSlopePointNum[i]* 2- 1] = y;
            break;
        }
}
```

```
        }
        if(k! = 1)
        {
                rSlopePointNum[i] = rSlopePointNum[i]+1;
                rSlopePointXY[i][rSlopePointNum[i]* 2- 2] = x2;
                rSlopePointXY[i][rSlopePointNum[i]* 2- 1] = y2;
        }
    }

    if(k! = 1)
    {
        //一级边坡
        x1 = rSlopePointXY[i][rSlopePointNum[i]* 2- 2];
        y1 = rSlopePointXY[i][rSlopePointNum[i]* 2- 1];

        x2 = x1+CutH1* CutSlope1;
        y2 = y1+CutH1;

        for(j = 0; j<cGroundPointNum[i]- 1; j++)
        {
                x3 = cGroundPointXY[i][j* 2+0];
                y3 = cGroundPointXY[i][j* 2+1];

                x4 = cGroundPointXY[i][j* 2+2];
                y4 = cGroundPointXY[i][j* 2+3];
                k = GetTwoLineSegmentIntersection(x1,y1,x2,y2,x3,y3,x4,y4,x,y);
                if(k = = 1)
                {
                        //两线段有交点
                        rSlopePointNum[i] = rSlopePointNum[i]+1;
                        rSlopePointXY[i][rSlopePointNum[i]* 2- 2] = x;
                        rSlopePointXY[i][rSlopePointNum[i]* 2- 1] = y;
                        break;
                }
        }
        if(k! = 1)
        {
                rSlopePointNum[i] = rSlopePointNum[i]+1;
```

```
                    rSlopePointXY[i][rSlopePointNum[i]* 2- 2] = x2;
                    rSlopePointXY[i][rSlopePointNum[i]* 2- 1] = y2;
            }
    }
    if(k! = 1)
    {
            if(CutStageW2>0.0)
            {
                    x1 = rSlopePointXY[i][rSlopePointNum[i]* 2- 2];
                    y1 = rSlopePointXY[i][rSlopePointNum[i]* 2- 1];

                    x2 = x1+CutStageW2;
                    y2 = y1;

                    for(j = 0; j<cGroundPointNum[i]- 1; j++)
                    {
                            x3 = cGroundPointXY[i][j* 2+0];
                            y3 = cGroundPointXY[i][j* 2+1];

                            x4 = cGroundPointXY[i][j* 2+2];
                            y4 = cGroundPointXY[i][j* 2+3];
                            k = GetTwoLineSegmentIntersection
                                (x1,y1,x2,y2,x3,y3,x4,y4,x,y);
                            if(k = = 1)
                            {
                                    //两线段有交点
                                    rSlopePointNum[i] = rSlopePointNum[i]+1;
                                    rSlopePointXY[i][rSlopePointNum[i]* 2- 2] = x;
                                    rSlopePointXY[i][rSlopePointNum[i]* 2- 1] = y;
                                    break;
                            }
                    }
                    if(k! = 1)
                    {
                            rSlopePointNum[i] = rSlopePointNum[i]+1;
                            rSlopePointXY[i][rSlopePointNum[i]* 2- 2] = x2;
                            rSlopePointXY[i][rSlopePointNum[i]* 2- 1] = y2;
                    }
```

```
            }

            if(k! = 1)
            {
                //二级边坡
                x1 = rSlopePointXY[i][rSlopePointNum[i]* 2- 2];
                y1 = rSlopePointXY[i][rSlopePointNum[i]* 2- 1];

                x2 = x1+CutH2* CutSlope2;
                y2 = y1+CutH2;

                for(j = 0; j<cGroundPointNum[i]- 1; j++)
                {
                    x3 = cGroundPointXY[i][j* 2+0];
                    y3 = cGroundPointXY[i][j* 2+1];

                    x4 = cGroundPointXY[i][j* 2+2];
                    y4 = cGroundPointXY[i][j* 2+3];
                    k = GetTwoLineSegmentIntersection
                        (x1,y1,x2,y2,x3,y3,x4,y4,x,y);
                    if(k = = 1)
                    {
                        //两线段有交点
                        rSlopePointNum[i] = rSlopePointNum[i]+1;
                        rSlopePointXY[i][rSlopePointNum[i]* 2- 2] = x;
                        rSlopePointXY[i][rSlopePointNum[i]* 2- 1] = y;
                        break;
                    }
                }
            }
        }
        if(k! = 1)
        {
            cmltosml(CrossCml[i],sml);
            printf("错误：% s 处右侧路堑需设置三级以上边坡 \n",sml);
            //return;
        }
        rCrossKind[i] = 1;
    }
    else
```

```
    {
        rFormationPointNum[ i ] = 2;
        rFormationPointXY[ i ][ 0 ] = 0.0;
        rFormationPointXY[ i ][ 1 ] = ch+CROWN;

        rFormationPointXY[ i ][ 2 ] = FillW* 0.5;
        rFormationPointXY[ i ][ 3 ] = ch;

        rDrainPointNum[ i ] = 0;

        rSlopePointNum[ i ] = 1;
        rSlopePointXY[ i ][ 0 ] = rFormationPointXY[ i ][ 2 ];
        rSlopePointXY[ i ][ 1 ] = ch;

        x1 = lSlopePointXY[ i ][ 0 ];
        y1 = lSlopePointXY[ i ][ 1 ];

        x2 = x1+CUTsidedrainw;
        y2 = y1;
        for(j = 0; j<cGroundPointNum[ i ] - 1; j++)
        {
            x3 = cGroundPointXY[ i ][ j* 2+0 ];
            y3 = cGroundPointXY[ i ][ j* 2+1 ];

            x4 = cGroundPointXY[ i ][ j* 2+2 ];
            y4 = cGroundPointXY[ i ][ j* 2+3 ];
            k = GetTwoLineSegmentIntersection(x1,y1,x2,y2,x3,y3,x4,y4,x,y);
            if(k = = 1)
            {
                //两线段有交点
                rSlopePointNum[ i ] = 2;
                rSlopePointXY[ i ][ 2 ] = x;
                rSlopePointXY[ i ][ 3 ] = y;
                break;
            }
        }
        rCrossKind[ i ] = 0;
    }
    }
    }
}
```

5.3 横断面填挖面积计算

横断面设计线与地面线围成的多边形有可能是自相交多边形，此时在一个断面上有填、挖两种情况同时发生，由于填、挖面积需分别计算，一般的处理方法是将自相交多边形划分为若干个填、挖的多边形，然后再按简单多边形计算填、挖面积，但是将自相交多边形划分为简单多边形的算法复杂，不易实现，因此可将横断面设计线与地面线围成的多边形划分为若干个三角形及四边形进行计算。如图 5-4 所示，过横断面设计线与地面线围成的多边形的顶点作垂线，以垂线为分割线即可将多边形划分为若干个三角形及四边形。

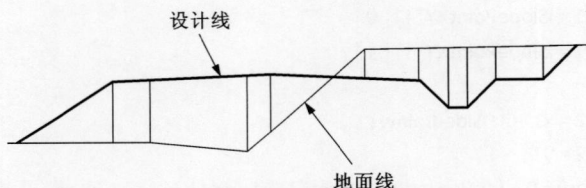

设计线

地面线

图 5-4 横断面填挖面积计算

横断面设计线与地面线围成的多边形被分割为三角形、梯形及自相交四边形三种。三角形有一条分割线，如分割线上地面高程大于设计高程，则该三角形面积为挖方面积，否则为填方面积；梯形有两条分割线，如分割线上地面高程大于设计高程，则该梯形面积为挖方面积，否则为填方面积；自相交四边形实际上由两个三角形组成，有两条分割线，如分割线上地面高程大于设计高程，以该分割线为边的三角形面积为填方面积，否则为挖方面积。各种情况下的面积计算非常简单。

```
void CalCrossArea(int CrossNum,        /* 横断面个数* /
            double * FillArea,/* 横断面填方面积* /
            double * CutArea,/* 横断面挖方面积* /
            int * lSlopePointNum,/* 左侧边坡点数* /
            double (* lSlopePointXY)[ 20] ,/* 左边坡点坐标* /
            int * lDrainPointNum,/* 左侧水沟点数* /
            double (* lDrainPointXY)[ 20] ,/* 左侧水沟点坐标* /
            int * lFormationPointNum,/* 左侧路基面点数* /
            double (* lFormationPointXY)[ 10] ,/* 左侧路基面坐标* /
            int * rFormationPointNum,/* 右侧路基面点数* /
```

```
                double (* rFormationPointXY)[10],/* 右侧路基面坐标* /
                int * rDrainPointNum,/* 右侧水沟点数* /
                double (* rDrainPointXY)[20],/* 右侧水沟点坐标* /
                int * rSlopePointNum,/* 右侧边坡点数* /
                double (* rSlopePointXY)[20],/* 右边坡点坐标* /
                int * cGroundPointNum,/* 横断面地面线点数* /
                double (* cGroundPointXY)[20]/* 横断面地面线坐标* /
                )
{
    int i,j;
    int CutLineNum;
    double CutLineXY[90][4];
    double s1,s2,h,at,aw;
    //计算填挖面积
    for(i=0; i<CrossNum; i++)
    {
        at=0.0;
        aw=0.0;
        CrossToTrapezoid(CutLineNum,CutLineXY,
                    lSlopePointNum[i], lSlopePointXY[i],
                    lDrainPointNum[i],lDrainPointXY[i],
                    lFormationPointNum[i],lFormationPointXY[i],
                    rFormationPointNum[i],rFormationPointXY[i],
                    rDrainPointNum[i], rDrainPointXY[i],
                    rSlopePointNum[i], rSlopePointXY[i],
                    cGroundPointNum[i],cGroundPointXY[i]);
        for(j=0; j<CutLineNum-1; j++)
        {
            //设计高减地面高,>0 为填,否则为挖
            s1=CutLineXY[j][1]- CutLineXY[j][3];
            s2=CutLineXY[j+1][1]- CutLineXY[j+1][3];
            h=CutLineXY[j+1][0]- CutLineXY[j][0];
            if(s1>=0.0&&s2>=0.0)
            {
                //计算填方
                at=0.5* (s1+s2)* h+at;
            }
            else if(s1<=0.0&&s2<=0.0)
```

169

```
        {
                //计算填挖方
                aw = 0.5* (s1+s2)* h+aw;
        }
        else if(s1> = 0.0&&s2< = 0.0)
        {
                //计算填挖方
                at = at+0.5* s1* s1/(fabs(s1)+fabs(s2))* h;
                aw = aw- 0.5* s2* s2/(fabs(s1)+fabs(s2))* h;
        }
        else if(s1< = 0.0&&s2> = 0.0)
        {
                //计算填挖方
                aw = aw- 0.5* s1* s1/(fabs(s1)+fabs(s2))* h;
                at = at+0.5* s2* s2/(fabs(s1)+fabs(s2))* h;
        }
        }
        FillArea[i] = at;
        CutArea[i] = aw;
    }
}
double GetCROSSdph(double x,/* 计算点至路基面中心距离* /
                int lSlopePointNum,/* 左侧边坡点数* /
                double * lSlopePointXY,/* 左侧边坡点坐标* /
                int lDrainPointNum,/* 左侧水沟点数* /
                double * lDrainPointXY,/* 左侧水沟点坐标* /
                int lFormationPointNum,/* 左侧路基面点数* /
                double * lFormationPointXY,/* 左侧路基面坐标* /
                int rFormationPointNum,/* 右侧路基面点数* /
                double * rFormationPointXY,/* 右侧路基面坐标* /
                int rDrainPointNum,/* 右侧水沟点数* /
                double * rDrainPointXY,/* 右侧水沟点坐标* /
                int rSlopePointNum,/* 右侧边坡点数* /
                double * rSlopePointXY/* 右边坡点坐标* /
                )
    {
        int i,Flag;
        double y,x1,y1,x2,y2;
```

```
Flag = 0;
y = 10000.0;
//左侧路基面
for(i = 0; i<lFormationPointNum- 1&&Flag = = 0; i++)
{
    x1 = lFormationPointXY[i* 2+0];
    y1 = lFormationPointXY[i* 2+1];

    x2 = lFormationPointXY[i* 2+2];
    y2 = lFormationPointXY[i* 2+3];

    if(x> = x2&&x< = x1)
    {
        Flag = 1;
        y = y1+(y2- y1)/(x2- x1)* (x- x1);
    }
}


//左水沟
for(i = 0; i<lDrainPointNum- 1&&Flag = = 0; i++)
{
    x1 = lDrainPointXY[i* 2+0];
    y1 = lDrainPointXY[i* 2+1];

    x2 = lDrainPointXY[i* 2+2];
    y2 = lDrainPointXY[i* 2+3];

    if(x> = x2&&x< = x1)
    {
        Flag = 1;
        y = y1+(y2- y1)/(x2- x1)* (x- x1);
    }
}


//左边坡
for(i = 0; i<lSlopePointNum- 1&&Flag = = 0; i++)
{
    x1 = lSlopePointXY[i* 2+0];
```

```
        y1 = lSlopePointXY[i* 2+1];

        x2 = lSlopePointXY[i* 2+2];
        y2 = lSlopePointXY[i* 2+3];

        if(x> = x2&&x< = x1)
        {
            Flag = 1;
            y = y1+(y2- y1)/(x2- x1)* (x- x1);
        }
    }

//右侧路基面
for(i = 0; i<rFormationPointNum- 1&&Flag = = 0; i++)
{
        x1 = rFormationPointXY[i* 2+0];
        y1 = rFormationPointXY[i* 2+1];

        x2 = rFormationPointXY[i* 2+2];
        y2 = rFormationPointXY[i* 2+3];

        if(x> = x1&&x< = x2)
        {
            Flag = 1;
            y = y1+(y2- y1)/(x2- x1)* (x- x1);
        }
    }

//右水沟
for(i = 0; i<rDrainPointNum- 1&&Flag = = 0; i++)
{
        x1 = rDrainPointXY[i* 2+0];
        y1 = rDrainPointXY[i* 2+1];

        x2 = rDrainPointXY[i* 2+2];
        y2 = rDrainPointXY[i* 2+3];

        if(x> = x1&&x< = x2)
```

```
        {
            Flag = 1;
            y = y1+(y2- y1)/(x2- x1)* (x- x1);
        }
    }

    //右边坡
    for(i = 0; i<rSlopePointNum- 1&&Flag = = 0; i++)
    {
        x1 = rSlopePointXY[ i* 2+0];
        y1 = rSlopePointXY[ i* 2+1];

        x2 = rSlopePointXY[ i* 2+2];
        y2 = rSlopePointXY[ i* 2+3];

        if(x> = x1&&x< = x2)
        {
            Flag = 1;
            y = y1+(y2- y1)/(x2- x1)* (x- x1);
        }
    }

    return y;
}

void CrossToTrapezoid(int &CutLineNum,/* 分割线条数* /
                double (* CutLineXY)[ 4] ,/* 分割线坐标* /
                int lSlopePointNum,/* 左侧边坡点数* /
                double * lSlopePointXY,/* 左侧边坡点坐标* /
                int lDrainPointNum,/* 左侧水沟点数* /
                double * lDrainPointXY,/* 左侧水沟点坐标* /
                int lFormationPointNum,/* 左侧路基面点数* /
                double * lFormationPointXY,/* 左侧路基面坐标* /
                int rFormationPointNum,/* 右侧路基面点数* /
                double * rFormationPointXY,/* 右侧路基面坐标* /
                int rDrainPointNum,/* 右侧水沟点数* /
                double * rDrainPointXY,/* 右侧水沟点坐标* /
                int rSlopePointNum,/* 右侧边坡点数* /
```

```
                double *  rSlopePointXY,/* 右边坡点坐标* /
                int cGroundPointNum,/* 横断面地面线点数* /
                double *  cGroundPointXY/* 横断面地面线坐标* /
                )
{
    int i,k;
    double dpx,dpy,gpx,gpy;

    k = 1;
    CutLineNum = 0;
    for(i = 0; i<lSlopePointNum; i++)
    {
        //计算地面线上对应点
        dpx = lSlopePointXY[ i*  2+0 ];
        dpy = lSlopePointXY[ i*  2+1 ];
        gpx = dpx;
        gpy = GetCROSSgph(gpx,cGroundPointNum,cGroundPointXY);
        InsertCutLine(CutLineNum,CutLineXY,dpx,dpy,gpx,gpy);
    }

    for(i = 0; i<lDrainPointNum; i++)
    {
        dpx = lDrainPointXY[ i*  2+0 ];
        dpy = lDrainPointXY[ i*  2+1 ];
        gpx = dpx;
        gpy = GetCROSSgph(gpx,cGroundPointNum,cGroundPointXY);
        InsertCutLine(CutLineNum,CutLineXY,dpx,dpy,gpx,gpy);
    }

    for(i = 0; i<lFormationPointNum; i++)
    {
        dpx = lFormationPointXY[ i*  2+0 ];
        dpy = lFormationPointXY[ i*  2+1 ];
        gpx = dpx;
        gpy = GetCROSSgph(gpx,cGroundPointNum,cGroundPointXY);
        InsertCutLine(CutLineNum,CutLineXY,dpx,dpy,gpx,gpy);
    }
```

```
for(i = 0; i<rFormationPointNum; i++)
{
    dpx = rFormationPointXY[i* 2+0];
    dpy = rFormationPointXY[i* 2+1];
    gpx = dpx;
    gpy = GetCROSSgph(gpx, cGroundPointNum, cGroundPointXY);
    InsertCutLine(CutLineNum, CutLineXY, dpx, dpy, gpx, gpy);
}

for(i = 0; i<rDrainPointNum; i++)
{
    dpx = rDrainPointXY[i* 2+0];
    dpy = rDrainPointXY[i* 2+1];
    gpx = dpx;
    gpy = GetCROSSgph(gpx, cGroundPointNum, cGroundPointXY);
    InsertCutLine(CutLineNum, CutLineXY, dpx, dpy, gpx, gpy);
}

for(i = 0; i<rSlopePointNum; i++)
{
    dpx = rSlopePointXY[i* 2+0];
    dpy = rSlopePointXY[i* 2+1];
    gpx = dpx;
    gpy = GetCROSSgph(gpx, cGroundPointNum, cGroundPointXY);
    InsertCutLine(CutLineNum, CutLineXY, dpx, dpy, gpx, gpy);
}

for(i = 0; i<cGroundPointNum; i++)
{
    gpx = cGroundPointXY[i* 2+0];
    gpy = cGroundPointXY[i* 2+1];
    dpx = gpx;
    if(gpx<CutLineXY[0][0]||gpx>CutLineXY[CutLineNum- 1][0]) continue;
    dpy = GetCROSSdph(dpx, lSlopePointNum, lSlopePointXY,
                    lDrainPointNum, lDrainPointXY,
                    lFormationPointNum, lFormationPointXY,
                    rFormationPointNum, rFormationPointXY,
                    rDrainPointNum, rDrainPointXY,
```

```
                                rSlopePointNum, rSlopePointXY);
            InsertCutLine(CutLineNum, CutLineXY, dpx, dpy, gpx, gpy);
    }
}
void InsertCutLine(int &CutLineNum, double (* CutLineXY)[4], double dpx, double dpy, double
            gpx, double gpy)
{
    int i,k;
    k = 0;
    for(i = CutLineNum-1; i>=0; i--)    //注意: 既有 CutLineXY 是已排好序的
    {
        if(dpx>CutLineXY[i][0])
        {
            k = i+1;
            break;
        }
    }
    //新加入的边应放在 CutLineXY[k]中
    for(i = CutLineNum-1; i>=k; i--)
    {
        CutLineXY[i+1][0] = CutLineXY[i][0];
        CutLineXY[i+1][1] = CutLineXY[i][1];
        CutLineXY[i+1][2] = CutLineXY[i][2];
        CutLineXY[i+1][3] = CutLineXY[i][3];
    }

    CutLineXY[k][0] = dpx;
    CutLineXY[k][1] = dpy;
    CutLineXY[k][2] = gpx;
    CutLineXY[k][3] = gpy;

    CutLineNum++;
}
```

5.4 横断面图绘制

在铁路 CAD 系统中横断面设计工程图的输出是十分重要的环节。不同于其他工程图，铁路横断面图有其自身的特征，其仅示意出横断面的外轮廓线，每个桩号横断面图线元简单，线条较少。单个横断面的绘制并不复杂，但一条线路的横断面数量巨大，如何优化横断面图纸的布局，对各横断面进行合理的排版，计算出每个横断面在图幅中的几何位置是一个十分重要的问题。横断面图绘制的关键是结合横断面图的特征对绘制的横断面进行排版，确定每个横断面的具体绘制位置，以充分利用每张图纸的剩余空间，减少图纸的使用量，方便设计及施工人员浏览。

　　绘制横断面图时应使横断面地面线宽度与横断面占地宽相匹配。横断面地面线并非越长越好，否则有喧宾夺主之嫌，造成横断面图占用空间过大，看起来也不美观，因此在进行排版前应根据实际情况对过长的横断面地面线进行剪切。

　　由于横断面尺寸大小不同，所以设计图纸中的横断面只能分列绘制，每列中的横断面中心线对直，各列中横断面的个数及各列的宽度均需要根据具体横断面的尺寸通过计算确定。

1. 剪切地面线

```
void TrimCrossGroundLine(int CrossNum,/* 横断面个数* /
                         int cGroundPointNum[300],/* 横断面地面线点数* /
                         double cGroundPointXY[300][20], /* 横断面地面线坐标* /
                         int lFormationPointNum[300], /* 左侧路基面点数* /
                         double lFormationPointXY[300][10], /* 左侧路基面坐标* /
                         int lSlopePointNum[300], /* 左侧边坡点数* /
                         double lSlopePointXY[300][20], /* 左侧边坡点坐标* /
                         int rFormationPointNum[300], /* 右侧路基面点数* /
                         double rFormationPointXY[300][10], /* 右侧路基面坐标* /
                         int rSlopePointNum[300], /* 右侧边坡点数* /
                         double rSlopePointXY[300][20], /* 右侧边坡点坐标* /
                         /* 剪切后横断面地面线点数* /
                         int cTrimmedGroundPointNum[300],
                         /* 剪切后横断面地面线坐标* /
                         double cTrimmedGroundPointXY[300][20]
                         )
{
    int i,j,k;
    double x1,y1,x2,y2;

    //剪切地面线
    for(i=0; i<CrossNum; i++)
```

```
    {
        //x1,y1 为剪切起点
        if(lSlopePointNum[i] >= 2)
        {
            x1 = lSlopePointXY[i][lSlopePointNum[i]* 2- 2] - 3.5;
            y1 = GetCROSSgph(x1,cGroundPointNum[i],cGroundPointXY[i]);
        }
        else
        {
            x1 = lFormationPointXY[i][lFormationPointNum[i]* 2- 2] - 3.5;
            y1 = GetCROSSgph(x1,cGroundPointNum[i],cGroundPointXY[i]);
        }

        //x2,y2 为剪切终点
        if(rSlopePointNum[i] >= 2)
        {
            x2 = rSlopePointXY[i][rSlopePointNum[i]* 2- 2] +3.5;
            y2 = GetCROSSgph(x2,cGroundPointNum[i],cGroundPointXY[i]);
        }
        else
        {
            x2 = rFormationPointXY[i][rFormationPointNum[i]* 2- 2] +3.5;
            y2 = GetCROSSgph(x2,cGroundPointNum[i],cGroundPointXY[i]);
        }

        k = 1;          //剪切后地面点数
        cTrimmedGroundPointXY[i][(k- 1)* 2+0] = x1;
        cTrimmedGroundPointXY[i][(k- 1)* 2+1] = y1;

        for(j = 0; j<cGroundPointNum[i]- 1; j++)
        {
            if(cGroundPointXY[i][j* 2+0] <= 0.0)
            {
                if(cGroundPointXY[i][j* 2+0]>x1)
                {
                    k = k+1;
                    cTrimmedGroundPointXY[i][2* k- 2] = cGroundPointXY[i][j* 2];
                    cTrimmedGroundPointXY[i][2* k- 1] = cGroundPointXY[i][j* 2+1];
```

```
                }
            }
            else if(cGroundPointXY[i][j* 2+0]> = 0.0)
            {
                if(cGroundPointXY[i][j* 2+0]<x2)
                {
                    k = k+1;
                    cTrimmedGroundPointXY[i][2* k- 2] = cGroundPointXY[i][j* 2+0];
                    cTrimmedGroundPointXY[i][2* k- 1] = cGroundPointXY[i][j* 2+1];
                }
            }
        }

        k = k+1;
        cTrimmedGroundPointXY[i][(k- 1)* 2+0] = x2;
        cTrimmedGroundPointXY[i][(k- 1)* 2+1] = y2;

        cTrimmedGroundPointNum[i] = k;
    }
    //剪切地面线完毕
}
```

2. 获取横断面尺寸

```
void GetCrossBox(int CrossNum,
            int cTrimmedGroundPointNum[300],/* 剪切后横断面地面线点数* /
            double (* cTrimmedGroundPointXY)[20],/* 剪切后横断面地面线坐标* /
            int lFormationPointNum[300],/* 左侧路基面点数* /
            double lFormationPointXY[300][10],/* 左侧路基面坐标* /
            int lDrainPointNum[300],/* 左侧水沟点数* /
            double lDrainPointXY[300][20],/* 左侧水沟点坐标* /
            int lSlopePointNum[300], /* 左侧边坡点数* /
            double lSlopePointXY[300][20], /* 左侧边坡点坐标* /
            int rFormationPointNum[300], /* 右侧路基面点数* /
            double rFormationPointXY[300][10], /* 右侧路基面坐标* /
            int rDrainPointNum[300], /* 右侧水沟点数* /
            double rDrainPointXY[300][20], /* 右侧水沟点坐标* /
            int rSlopePointNum[300], /* 右侧边坡点数* /
            double rSlopePointXY[300][20], /* 右边坡点坐标* /
```

179

```
                double CrossMaxX[MAXCROSS], /* 横断面 x 坐标最大值* /
                double CrossMaxY[MAXCROSS], /* 横断面 y 坐标最大值* /
                double CrossMinX[MAXCROSS], /* 横断面 x 坐标最小值* /
                double CrossMinY[MAXCROSS]/* 横断面 y 坐标最小值* /
                )
{
    int i,j;
    //取横断面的最大最小坐标
    for(i=0; i<CrossNum; i++)
    {
        CrossMaxX[i] = - 100000.0;
        CrossMaxY[i] = - 100000.0;
        CrossMinX[i] = 1000000.0;
        CrossMinY[i] = 1000000.0;
        for(j=0; j<cTrimmedGroundPointNum[i]; j++)
        {
            if(cTrimmedGroundPointXY[i][j* 2+0]>CrossMaxX[i])
                CrossMaxX[i] = cTrimmedGroundPointXY[i][j* 2+0];
            if(cTrimmedGroundPointXY[i][j* 2+0]<CrossMinX[i])
                CrossMinX[i] = cTrimmedGroundPointXY[i][j* 2+0];
            if(cTrimmedGroundPointXY[i][j* 2+1]>CrossMaxY[i])
                CrossMaxY[i] = cTrimmedGroundPointXY[i][j* 2+1];
            if(cTrimmedGroundPointXY[i][j* 2+1]<CrossMinY[i])
                CrossMinY[i] = cTrimmedGroundPointXY[i][j* 2+1];
        }

        for(j=0; j<lFormationPointNum[i]; j++)
        {
            if(lFormationPointXY[i][j* 2+0]>CrossMaxX[i])
                CrossMaxX[i] = lFormationPointXY[i][j* 2+0];
            if(lFormationPointXY[i][j* 2+0]<CrossMinX[i])
                CrossMinX[i] = lFormationPointXY[i][j* 2+0];
            if(lFormationPointXY[i][j* 2+1]>CrossMaxY[i])
                CrossMaxY[i] = lFormationPointXY[i][j* 2+1];
            if(lFormationPointXY[i][j* 2+1]<CrossMinY[i])
                CrossMinY[i] = lFormationPointXY[i][j* 2+1];
        }
```

```
for(j=1; j<lDrainPointNum[i]; j++)
{
    if(lDrainPointXY[i][j*2+0]>CrossMaxX[i])
        CrossMaxX[i]=lDrainPointXY[i][j*2+0];
    if(lDrainPointXY[i][j*2+0]<CrossMinX[i])
        CrossMinX[i]=lDrainPointXY[i][j*2+0];

    if(lDrainPointXY[i][j*2+1]>CrossMaxY[i])
        CrossMaxY[i]=lDrainPointXY[i][j*2+1];
    if(lDrainPointXY[i][j*2+1]<CrossMinY[i])
        CrossMinY[i]=lDrainPointXY[i][j*2+1];
}

for(j=0; j<lSlopePointNum[i]; j++)
{
    if(lSlopePointXY[i][j*2+0]>CrossMaxX[i])
        CrossMaxX[i]=lSlopePointXY[i][j*2+0];
    if(lSlopePointXY[i][j*2+0]<CrossMinX[i])
        CrossMinX[i]=lSlopePointXY[i][j*2+0];

    if(lSlopePointXY[i][j*2+1]>CrossMaxY[i])
        CrossMaxY[i]=lSlopePointXY[i][j*2+1];
    if(lSlopePointXY[i][j*2+1]<CrossMinY[i])
        CrossMinY[i]=lSlopePointXY[i][j*2+1];
}

for(j=0; j<rFormationPointNum[i]; j++)
{
    if(rFormationPointXY[i][j*2+0]>CrossMaxX[i])
        CrossMaxX[i]=rFormationPointXY[i][j*2+0];
    if(rFormationPointXY[i][j*2+0]<CrossMinX[i])
        CrossMinX[i]=rFormationPointXY[i][j*2+0];

    if(rFormationPointXY[i][j*2+1]>CrossMaxY[i])
        CrossMaxY[i]=rFormationPointXY[i][j*2+1];
    if(rFormationPointXY[i][j*2+1]<CrossMinY[i])
        CrossMinY[i]=rFormationPointXY[i][j*2+1];
}
```

```
        for(j=1; j<rDrainPointNum[i]; j++)
        {
            if(rDrainPointXY[i][j* 2+0]>CrossMaxX[i])
                CrossMaxX[i] = rDrainPointXY[i][j* 2+0];
            if(rDrainPointXY[i][j* 2+0]<CrossMinX[i])
                CrossMinX[i] = rDrainPointXY[i][j* 2+0];

            if(rDrainPointXY[i][j* 2+1]>CrossMaxY[i])
                CrossMaxY[i] = rDrainPointXY[i][j* 2+1];
            if(rDrainPointXY[i][j* 2+1]<CrossMinY[i])
                CrossMinY[i] = rDrainPointXY[i][j* 2+1];
        }

        for(j=0; j<rSlopePointNum[i]; j++)
        {
            if(rSlopePointXY[i][j* 2+0]>CrossMaxX[i])
                CrossMaxX[i] = rSlopePointXY[i][j* 2+0];
            if(rSlopePointXY[i][j* 2+0]<CrossMinX[i])
                CrossMinX[i] = rSlopePointXY[i][j* 2+0];

            if(rSlopePointXY[i][j* 2+1]>CrossMaxY[i])
                CrossMaxY[i] = rSlopePointXY[i][j* 2+1];
            if(rSlopePointXY[i][j* 2+1]<CrossMinY[i])
                CrossMinY[i] = rSlopePointXY[i][j* 2+1];
        }
    }
}
```

3. 横断面排版及绘制

```
void DrawCross(char * RailwayName,/* 铁路名称* /
        char * DesignSegment,/* 设计区段* /
        char * DesignStage,/* 设计阶段* /
        int CrossNum,/* 横断面个数* /
        double CrossCml[300],/* 横断面里程* /
        double CrossLevel[300],/* 横断面高程* /
        int cTrimmedGroundPointNum[300],/* 横断面地面点数* /
        double cTrimmedGroundPointXY[300][20],/* 横断面地面点坐标* /
        double CutArea[300],/* 挖方面积* /
```

```
                double FillArea[300],/* 填方面积*/
                double FillW,/* 路堤路基面宽度*/
                double FillSlope1,/* 路堤一级边坡坡度*/
                double FillStageW,
                double FillSlope2,/* 路堤二级边坡坡度*/
                double CutStageW1,/* 水沟平台宽*/
                double CutSlope1,/* 路堑一级边坡坡度*/
                double CutStageW2,/* 路堑一、二级边坡间平台宽*/
                double CutSlope2,/* 路堑二级边坡坡度*/
                int lCrossKind[300],/* 左侧横断面类型*/
                int lFormationPointNum[300],/* 左侧路基面点数*/
                double lFormationPointXY[300][10],/* 左侧路基面坐标*/
                int lDrainPointNum[300],/* 左侧水沟点数*/
                double lDrainPointXY[300][20],/* 左侧水沟点坐标*/
                int lSlopePointNum[300],/* 左侧边坡点数*/
                double lSlopePointXY[300][20],/* 左侧边坡点坐标*/
                int rCrossKind[300],/* 右侧横断面类型*/
                int rFormationPointNum[300],/* 右侧路基面点数*/
                double rFormationPointXY[300][10],/* 右侧路基面坐标*/
                int rDrainPointNum[300],/* 右侧水沟点数*/
                double rDrainPointXY[300][20],/* 右侧水沟点坐标*/
                int rSlopePointNum[300],/* 右侧边坡点数*/
                double rSlopePointXY[300][20],/* 右边坡点坐标*/
                double CrossMaxX[300],/* 横断面 x 坐标最大值*/
                double CrossMaxY[300],/* 横断面 y 坐标最大值*/
                double CrossMinX[300],/* 横断面 x 坐标最小值*/
                double CrossMinY[300]/* 横断面 y 坐标最小值*/
                )
{
    FILE * f;
    int i,j,m,n;
    double gph,ch,x,y,x1,y1,x2,y2,x3,y3;
    char akml[30];
char str[56];
    double length;
    char filename[260];
    int PointNum,len;
    //横断面原点坐标
```

```
double dtx,dty;
double x0,y0,PointXY[80],ang;
double dimtxt=3.0;        //指定标注文字的高度
double dimexo=0.0;        //尺寸界线偏离原点的距离
double dimexe=1.25;       //尺寸界线超出尺寸线的距离
double dimasz=1.25;       //文字箭头长度
double CrossRowInterval[300];
double CrossColInterval=10.0;
int CrossColNum;
int CrossColStart[300],CrossColEnd[300];
//考虑写里程、填挖高及填挖面积横断面最大最小值修正
double CrossColMinX[300],CrossColMaxX[300];
double CrossColH[300],CrossColW[300],mCrossMaxY[300],mCrossMinY[300];
//每个横断面的绘图原点
double CrossOriX[300],CrossOriY[300];

y=0.0;
CrossColNum=0;
CrossColStart[0]=0;
for(i=0; i<CrossNum; i++)
{
    mCrossMaxY[i]=CrossMaxY[i];
    mCrossMinY[i]=CrossMinY[i];

    mCrossMaxY[i]=CrossMaxY[i]+10.0/CrossScale;
    if(fabs(FillArea[i])>0.00001&&fabs(CutArea[i])>0.00001)
        mCrossMinY[i]=CrossMinY[i]-30.0/CrossScale;
    else
        mCrossMinY[i]=CrossMinY[i]-25.0/CrossScale;

        y=y+CrossScale*(mCrossMaxY[i]-mCrossMinY[i]);
    if(y>257.0&&i>CrossColStart[CrossColNum])
    {
        CrossColEnd[CrossColNum]=i-1;
        CrossColNum++;
        y=CrossScale*(mCrossMaxY[i]-mCrossMinY[i]);
        CrossColStart[CrossColNum]=i;
    }
```

```
}
CrossColEnd[CrossColNum] = CrossNum-1;
CrossColNum++;

for(i=0; i<CrossColNum; i++)
{
    CrossColH[i] = 0.0;
    CrossColMinX[i] = 100000.0;
    CrossColMaxX[i] = -100000.0;
    for(j=CrossColStart[i]; j<=CrossColEnd[i]; j++)
    {
        //计算横断面列高
        CrossColH[i] = CrossColH[i]+CrossScale* (mCrossMaxY[j]- mCrossMinY[j]);
        if(CrossColMinX[i]>CrossMinX[j]) CrossColMinX[i] = CrossMinX[j];
        if(CrossColMaxX[i]<CrossMaxX[j]) CrossColMaxX[i] = CrossMaxX[j];
    }
    //计算横断面列宽
    CrossColW[i] = CrossScale* (CrossColMaxX[i]- CrossColMinX[i]);
}

x = CrossColInterval;
length = CrossColInterval;
for(i=0; i<CrossColNum; i++)
{
    length = length+CrossColW[i]+CrossColInterval;
    x = x- CrossScale* CrossColMinX[i];
    for(j=CrossColStart[i]; j<=CrossColEnd[i]; j++)
    {
        CrossOriX[j] = x;
    }
    x = x+CrossScale* CrossColMaxX[i]+CrossColInterval;

    CrossRowInterval[i] = (287.0- CrossColH[i])/(CrossColEnd[i]- CrossColStart[i]+2);
    if(i == CrossColNum-1&&CrossRowInterval[i]>15.0) CrossRowInterval[i] = 15.0;
}
length = length+180.0;

for(i=0; i<CrossColNum; i++)
```

```
  {
     y = CrossRowInterval[ i ] ;
     for(j = CrossColStart[ i ] ; j< = CrossColEnd[ i ] ; j++)
     {
        CrossOriY[ j ] = y ;
        y = y+CrossScale* (mCrossMaxY[ j ] - mCrossMinY[ j ])+CrossRowInterval[ i ] ;
     }
  }

  f = fopen("MyCross.scr","w");
  fprintf(f,"- osnap off\n");
  fprintf(f,"style HZ STFANGSO.TTF 0.0 0.75 0.0 N N\n");

  fprintf(f,"pline 0.0,0.0 w 1.0 1.0 % lf,0.0 % lf,287.0 0.0,287.0 c\n",length,length);
  fprintf(f,"pline - 15.0,- 5.0 w 0.0 0.0 % lf,- 5.0 % lf,292.0 - 15.0,292.0 c\n",
             length+15.0,length+15.0);

  x = length;
  y = 8.0;
  fprintf(f,"pline ");
  fprintf(f,"% lf,% lf ",x,y);
  fprintf(f,"w % lf % lf ",0.0,0.0);          //设置宽度
  x = x- 50.0;
  fprintf(f,"% lf,% lf ",x,y);
  fprintf(f,"\n");

  x = length- 180.0;
  y = 8.0;
  fprintf(f,"pline ");
  fprintf(f,"% lf,% lf ",x,y);
  fprintf(f,"w % lf % lf ",0.0,0.0);          //设置宽度
  x = x+40.0;
  fprintf(f,"% lf,% lf ",x,y);
  fprintf(f,"\n");

  x = length;
  y = 16.0;
  fprintf(f,"pline ");
```

```
fprintf(f,"% lf,% lf ",x,y);
fprintf(f,"w % lf % lf ",0.0,0.0);          //设置宽度
x=x-50.0;
fprintf(f,"% lf,% lf ",x,y);
fprintf(f,"\n");


x=length-180.0;
y=16.0;
fprintf(f,"pline ");
fprintf(f,"% lf,% lf ",x,y);
fprintf(f,"w % lf % lf ",0.0,0.0);          //设置宽度
x=x+40.0;
fprintf(f,"% lf,% lf ",x,y);
fprintf(f,"\n");


x=length;
y=24.0;
fprintf(f,"pline ");
fprintf(f,"% lf,% lf ",x,y);
fprintf(f,"w % lf % lf ",1.0,1.0);          //设置宽度
x=x-180.0;
fprintf(f,"% lf,% lf ",x,y);
fprintf(f,"\n");


x=length-180.0;
y=24.0;
fprintf(f,"pline ");
fprintf(f,"% lf,% lf ",x,y);
fprintf(f,"w % lf % lf ",1.0,1.0);          //设置宽度
y=0.0;
fprintf(f,"% lf,% lf ",x,y);
fprintf(f,"\n");


x=length-165.0;
y=24.0;
fprintf(f,"pline ");
fprintf(f,"% lf,% lf ",x,y);
fprintf(f,"w % lf % lf ",0.0,0.0);          //设置宽度
```

```
y = 0.0;
fprintf(f,"% lf,% lf ",x,y);
fprintf(f,"\n");

x = length- 140.0;
y = 24.0;
fprintf(f,"pline ");
fprintf(f,"% lf,% lf ",x,y);
fprintf(f,"w % lf % lf ",0.0,0.0);        //设置宽度
y = 0.0;
fprintf(f,"% lf,% lf ",x,y);
fprintf(f,"\n");

x = length- 50.0;
y = 24.0;
fprintf(f,"pline ");
fprintf(f,"% lf,% lf ",x,y);
fprintf(f,"w % lf % lf ",0.0,0.0);        //设置宽度
y = 0.0;
fprintf(f,"% lf,% lf ",x,y);
fprintf(f,"\n");

x = length- 35.0;
y = 24.0;
fprintf(f,"pline ");
fprintf(f,"% lf,% lf ",x,y);
fprintf(f,"w % lf % lf ",0.0,0.0);        //设置宽度
y = 0.0;
fprintf(f,"% lf,% lf ",x,y);
fprintf(f,"\n");

x = length- (180.0- 7.5);
y = 20.0;
fprintf(f,"text j mc % lf,% lf % lf % lf 编制 \n",x,y,4.5,0.0);

x = length- (180.0- 7.5);
y = 12.0;
fprintf(f,"text j mc % lf,% lf % lf % lf 复核 \n",x,y,4.5,0.0);
```

```
x = length- (50.0- 7.5);
y = 20.0;
fprintf(f, "text j mc % lf, % lf % lf % lf 图号 \n", x, y, 4.5, 0.0);


x = length- 17.5;
y = 20.0;
fprintf(f, "text j mc % lf, % lf % lf % lf 3\n", x, y, 4.5, 0.0);


x = length- (50.0- 7.5);
y = 12.0;
fprintf(f, "text j mc % lf, % lf % lf % lf 比例 \n", x, y, 4.5, 0.0);


x = length- 17.5;
y = 12.0;
fprintf(f, "text j mc % lf, % lf % lf % lf 1：200\n", x, y, 4.5, 0.0);


x = length- (50.0- 7.5);
y = 4.0;
fprintf(f, "text j mc % lf, % lf % lf % lf 日期\n", x, y, 4.5, 0.0);


x = length- (50.0+45.0);
y = 20.0;
fprintf (f, " text j mc % lf, % lf % lf % lf % s% s \ n", x, y, 5. 0, 0. 0, RailwayName,
DesignSegment);
x = length- (50.0+45.0);
y = 12.0;
fprintf(f, "text j mc % lf, % lf % lf % lf % s\n", x, y, 5.0, 0.0, DesignStage);
y = 4.0;
fprintf(f, "text j mc % lf, % lf % lf % lf 线路横断面图\n", x, y, 5.0, 0.0);


for(i = 0; i<CrossNum; i++)
{
    dtx = CrossOriX[i];
    dty = CrossOriY[i];

    x0 = 0.0;
    y0 = mCrossMinY[i];
    //横断面坐标与屏幕坐标的对应关系 x0→dtx, y0→dty
```

189

```
PointNum = 0;
if(cTrimmedGroundPointNum[i]>0)
{
    for(j = 0; j<cTrimmedGroundPointNum[i]; j++)
    {
        PointXY[PointNum* 2+0] = dtx+CrossScale
                            * (cTrimmedGroundPointXY[i][j* 2+0]- x0);
        PointXY[PointNum* 2+1] = dty+CrossScale
                            * (cTrimmedGroundPointXY[i][j* 2+1]- y0);
        PointNum++;
    }
    DrawPline(f, PointNum, PointXY, 0.0, 0.0);
}


PointNum = 0;
for(j = 0; j<lFormationPointNum[i]; j++)
{
    PointXY[PointNum* 2+0] = dtx+CrossScale* (lFormationPointXY[i][j* 2+0]- x0);
    PointXY[PointNum* 2+1] = dty+CrossScale* (lFormationPointXY[i][j* 2+1]- y0);
    PointNum++;
}

for(j = 1; j<lDrainPointNum[i]; j++)
{
    PointXY[PointNum* 2+0] = dtx+CrossScale* (lDrainPointXY[i][j* 2+0]- x0);
    PointXY[PointNum* 2+1] = dty+CrossScale* (lDrainPointXY[i][j* 2+1]- y0);
    PointNum++;
}

for(j = 0; j<lSlopePointNum[i]; j++)
{
    PointXY[PointNum* 2+0] = dtx+CrossScale* (lSlopePointXY[i][j* 2+0]- x0);
    PointXY[PointNum* 2+1] = dty+CrossScale* (lSlopePointXY[i][j* 2+1]- y0);
    PointNum++;
}
DrawPline(f, PointNum, PointXY, 0.6, 0.6);

PointNum = 0;
```

```
for(j=0；j<rFormationPointNum[i]；j++)
{
    PointXY[PointNum* 2+0]=dtx+CrossScale* (rFormationPointXY[i][j* 2+0]-x0);
    PointXY[PointNum* 2+1]=dty+CrossScale* (rFormationPointXY[i][j* 2+1]-y0);
    PointNum++;
}

for(j=1；j<rDrainPointNum[i]；j++)
{
    PointXY[PointNum* 2+0]=dtx+CrossScale* (rDrainPointXY[i][j* 2+0]-x0);
    PointXY[PointNum* 2+1]=dty+CrossScale* (rDrainPointXY[i][j* 2+1]-y0);
    PointNum++;
}


for(j=0；j<rSlopePointNum[i]；j++)
{
    PointXY[PointNum* 2+0]=dtx+CrossScale* (rSlopePointXY[i][j* 2+0]-x0);
    PointXY[PointNum* 2+1]=dty+CrossScale* (rSlopePointXY[i][j* 2+1]-y0);
    PointNum++;
}
DrawPline(f,PointNum,PointXY,0.6,0.6);

//标注路基面宽
fprintf(f,"dimtxt % lf\n",dimtxt);
fprintf(f,"dimexo % lf\n",dimexo);         //尺寸界线偏离原点的距离
fprintf(f,"dimexe % lf\n",dimexe);         //尺寸界线超出尺寸线的距离
fprintf(f,"dimblk _OBLIQUE\n");            //箭头式样
//箭头长度
fprintf(f,"dimasz % lf\n",dimasz);
fprintf(f,"dim style hz exit\n");
//标路基面宽度
m=lFormationPointNum[i]-1;
n=rFormationPointNum[i]-1;
//标左路基面宽度
fprintf(f,"dim align % lf,% lf % lf,% lf % lf,% lf % 0.2lf\nexit\n",
        dtx+CrossScale* (lFormationPointXY[i][m* 2+0]-x0),
        dty+CrossScale* (lFormationPointXY[i][m* 2+1]-y0+CROWN)+3.0,
```

191

```
        dtx+CrossScale* (lFormationPointXY[i][0]- x0),
        dty+CrossScale* (lFormationPointXY[i][1]- y0)+3.0,
        dtx+CrossScale* (lFormationPointXY[i][m* 2+0]- x0),
        dty+CrossScale* (lFormationPointXY[i][m* 2+1]- y0+CROWN)+3.0+dimexe,
        fabs(lFormationPointXY[i][m* 2+0]));
```
//标右路基面宽度
```
fprintf(f,"dim align % lf,% lf % lf,% lf % lf,% lf % 0.2lf\nexit \n",
        dtx+CrossScale* (rFormationPointXY[i][0]- x0),
        dty+CrossScale* (rFormationPointXY[i][1]- y0)+3.0,
        dtx+CrossScale* (rFormationPointXY[i][n* 2+0]- x0),
        dty+CrossScale* (rFormationPointXY[i][n* 2+1]- y0+CROWN)+3.0,
        dtx+CrossScale* (rFormationPointXY[i][n* 2+0]- x0),
        dty+CrossScale* (rFormationPointXY[i][n* 2+1]- y0+CROWN)+3.0+dimexe,
        rFormationPointXY[i][n* 2+0]);
```

//标右路肩标高
```
sprintf(str,"% 0.1lf",rFormationPointXY[i][n* 2+1]);
len = strlen(str);
x= dtx+CrossScale* (rFormationPointXY[i][n* 2+0]- x0);
y= dty+CrossScale* (rFormationPointXY[i][n* 2+1]- y0);
DrawTriangle(f,x,y,len* 3.0* 0.75);
x= x+len* 3.0* 0.75;
y= y+3.0;
fprintf(f,"text j br % lf,% lf % lf % lf % s \n",x,y,3.0,0.0,str);
```

//标左路肩标高
```
sprintf(str,"% 0.1lf",lFormationPointXY[i][m* 2+1]);
len = (int)strlen(str);
x= dtx+CrossScale* (lFormationPointXY[i][m* 2+0]- x0);
y= dty+CrossScale* (lFormationPointXY[i][m* 2+1]- y0);
DrawTriangle(f,x,y,- len* 3.0* 0.75);
x= x- strlen(str)* 3.0* 0.75;
y= y+3.0;
fprintf(f,"text j bl % lf,% lf % lf % lf % 0.1lf\n",
    x,y,3.0,0.0,lFormationPointXY[i][m* 2+1]);
```

//标里程
```
cmltosml(CrossCml[i],akml);
```

192

```
x = dtx+CrossScale* (0.0- x0);
y = dty+CrossScale* (CrossMinY[i]- y0)- 11.0;
fprintf(f,"text j tc % lf,% lf % lf % lf % s\n",x,y,3.0,0.0,akml);
//标地面中心标高
gph = GetCROSSgph(0.0,cTrimmedGroundPointNum[i],
                     cTrimmedGroundPointXY[i]);
sprintf(str,"% 0.1lf",gph);
len = (int)strlen(str);
x = dtx+CrossScale* (0.0- x0);
y = dty+CrossScale* (gph- y0);
DrawTriangle(f,x,y,len* 3.0* 0.75);
x = x+len* 3.0* 0.75;
y = y+3.0;
fprintf(f,"text j br % lf,% lf % lf % lf % 0.1lf\n",x,y,3.0,0.0,gph);


//写填挖高
ch = CrossLevel[i];
x = dtx+CrossScale* (0.0- x0);
y = dty+CrossScale* (CrossMinY[i]- y0)- 16.0;
fprintf(f,"text j tc % lf,% lf % lf % lf h = % 0.2lf\n",x,y,3.0,0.0,ch- gph);


//写填挖面积
if(fabs(FillArea[i])>0.00001&&fabs(CutArea[i])>0.00001)
{
    x = dtx+CrossScale* (0.0- x0);
    y = dty+CrossScale* (CrossMinY[i]- y0)- 21.0;
    fprintf(f,"text j tc % lf,% lf % lf % lf At = % 0.3lf\n",x,y,3.0,0.0,fabs(FillArea[i]));
    x = dtx+CrossScale* (0.0- x0);
    y = dty+CrossScale* (CrossMinY[i]- y0)- 26.0;
    fprintf(f,"text j tc % lf,% lf % lf % lf Aw = % 0.3lf\n",x,y,3.0,0.0,fabs(CutArea[i]));
}
else if(fabs(FillArea[i])>0.00001)
{
    x = dtx+CrossScale* (0.0- x0);
    y = dty+CrossScale* (CrossMinY[i]- y0)- 21.0;
    fprintf(f,"text j tc % lf,% lf % lf % lf At = % 0.3lf\n",x,y,3.0,0.0,fabs(FillArea[i]));
}
else if(fabs(CutArea[i])>0.00001)
```

```
    {
        x = dtx+CrossScale* (0.0- x0);
        y = dty+CrossScale* (CrossMinY[i]- y0)- 21.0;
        fprintf(f,"text j tc % lf,% lf % lf % lf Aw = % 0.3lf\n",x,y,3.0,0.0,fabs(CutArea[i]));
    }
    else
    {
        x = dtx+CrossScale* (0.0- x0);
        y = dty+CrossScale* (CrossMinY[i]- y0)- 21.0;
        fprintf(f,"text j tc % lf,% lf % lf % lf At = Aw = 0.0\n",x,y,3.0,0.0);
    }


    //标左侧边坡坡比
    if(lCrossKind[i]= = - 1)//路堤
    {
        j = 1;
        //一级边坡
        x1 = lSlopePointXY[i][(j- 1)* 2+0];
        y1 = lSlopePointXY[i][(j- 1)* 2+1];

        x2 = lSlopePointXY[i][(j- 1)* 2+2];
        y2 = lSlopePointXY[i][(j- 1)* 2+3];

        x = dtx+CrossScale* (0.5* (x1+x2)- x0);
        y = dty+CrossScale* (0.5* (y1+y2)- y0);

        ang = atan(1.0/FillSlope1);
        x = x+4.0* cos(ang+0.5* PI);
        y = y+4.0* sin(ang+0.5* PI);
        ang = ang* 180.0/PI;
        fprintf(f,"text j tc % lf,% lf % lf % lf 1: % 0.2lf\n",x,y,3.0,ang,FillSlope1);

        //在(x2,y2)处标高程
        sprintf(str,"% 0.3lf",lSlopePointXY[i][j* 2+1]);
        len = (int)strlen(str);
        x = dtx+CrossScale* (lSlopePointXY[i][j* 2+0]- x0);
        y = dty+CrossScale* (lSlopePointXY[i][j* 2+1]- y0);
        DrawTriangle(f,x,y,- len* 3.0* 0.67);
```

```
x = x- len*  3.0*  0.67;
y = y+3.0;
fprintf(f,"text j bl % lf,% lf % lf % lf % s\n",x,y,3.0,0.0,str);
j = j+1;

//平台
if(FillStageW>0.1&&lSlopePointNum[i]>j)
{
    //标宽度
    x1 = dtx+CrossScale*  (lSlopePointXY[i][(j- 1)*  2+0]- x0);
    y1 = dty+CrossScale*  (lSlopePointXY[i][(j- 1)*  2+1]- y0)- 1.0;

    x2 = dtx+CrossScale*  (lSlopePointXY[i][(j- 1)*  2+2]- x0);
    y2 = y1;

    x3 = 0.5*  (x1+x2);
    y3 = y2- dimexe;

    fprintf(f,"dimtad 4\n");
    fprintf(f,"dim align % lf,% lf % lf,% lf % lf,% lf % 0.1lf\nexit\n",
            x2,y2,x1,y1,x3,y3,FillStageW);
    fprintf(f,"dimtad 1\n");
    j = j+1;
}

//二级边坡
if(lSlopePointNum[i]>j)
{
    x1 = lSlopePointXY[i][(j- 1)*  2+0];
    y1 = lSlopePointXY[i][(j- 1)*  2+1];

    x2 = lSlopePointXY[i][(j- 1)*  2+2];
    y2 = lSlopePointXY[i][(j- 1)*  2+3];

    x = dtx+CrossScale*  (0.5*  (x1+x2)- x0);
    y = dty+CrossScale*  (0.5*  (y1+y2)- y0);

    ang = atan(1.0/FillSlope2);
```

```
                x = x+4.0*  cos(ang+0.5*  PI);
                y = y+4.0*  sin(ang+0.5*  PI);
                ang = ang*  180.0/PI;
                fprintf(f,"text j tc % lf,% lf % lf % lf 1：% 0.2lf\n",x,y,3.0,ang,FillSlope2);

                //在(x2,y2)标高程
                sprintf(str,"% 0.3lf",lSlopePointXY[i][j*  2+1]);
                len = (int)strlen(str);
                x = dtx+CrossScale*  (lSlopePointXY[i][j*  2+0]- x0);
                y = dty+CrossScale*  (lSlopePointXY[i][j*  2+1]- y0);
                DrawTriangle(f,x,y,- len*  3.0*  0.67);
                x = x- len*  3.0*  0.67;
                y = y+3.0;
                fprintf(f,"text j bl % lf,% lf % lf % lf % s\n",x,y,3.0,0.0,str);
            }
    }
    else if(lCrossKind[i] = = 1)//路堑
    {
        //水沟平台
        j = 1;
        if(CutStageW1>0.1&&lSlopePointNum[i]>j)
        {
            x1 = dtx+CrossScale*  (lSlopePointXY[i][(j- 1)*  2+0]- x0);
            y1 = dty+CrossScale*  (lSlopePointXY[i][(j- 1)*  2+1]- y0)- 1.0;

            x2 = dtx+CrossScale*  (lSlopePointXY[i][(j- 1)*  2+2]- x0);
            y2 = y1;

            x3 = 0.5*  (x1+x2);
            y3 = y2- dimexe;

            fprintf(f,"dimtad 4\n");
            fprintf(f,"dim align % lf,% lf % lf,% lf % lf,% lf % 0.1lf\nexit\n",
                    x1,y1,x2,y2,x3,y3,CutStageW1);
            fprintf(f,"dimtad 1\n");
            j = j+1;
        }
```

```
//一级边坡坡比
if(lSlopePointNum[i]>j)
{
    x1 = lSlopePointXY[i][(j-1)* 2+0];
    y1 = lSlopePointXY[i][(j-1)* 2+1];

    x2 = lSlopePointXY[i][(j-1)* 2+2];
    y2 = lSlopePointXY[i][(j-1)* 2+3];

    x = dtx+CrossScale* (0.5* (x1+x2)- x0);
    y = dty+CrossScale* (0.5* (y1+y2)- y0);

    ang = PI- atan(1.0/CutSlope1);
    x = x+5.0* cos(ang+0.5* PI);
    y = y+5.0* sin(ang+0.5* PI);
    ang = 180.0+ang* 180.0/PI;
    fprintf(f,"text j bc % lf,% lf % lf % lf 1: % 0.2lf\n",x,y,3.0,ang,CutSlope1);

    //一级边坡高程
    sprintf(str,"% 0.3lf",lSlopePointXY[i][j* 2+1]);
    len = (int)strlen(str);
    x = dtx+CrossScale* (lSlopePointXY[i][j* 2+0]- x0);
    y = dty+CrossScale* (lSlopePointXY[i][j* 2+1]- y0);
    DrawTriangle(f,x,y,len* 3.0* 0.67);
    x = x+len* 3.0* 0.67;
    y = y+3.0;
    fprintf(f,"text j br % lf,% lf % lf % lf % s\n",x,y,3.0,0.0,str);
    j=j+1;
}
//平台
if(CutStageW2>0.1&&lSlopePointNum[i]>j)
{
    x1 = dtx+CrossScale* (lSlopePointXY[i][(j-1)* 2+0]- x0);
    y1 = dty+CrossScale* (lSlopePointXY[i][(j-1)* 2+1]- y0)- 1.0;

    x2 = dtx+CrossScale* (lSlopePointXY[i][(j-1)* 2+2]- x0);
    y2 = y1;
```

```
        x3 = 0.5* (x1+x2);
        y3 = y2- dimexe;

        fprintf(f,"dimtad 4\n");
        fprintf(f,"dim align % lf,% lf % lf,% lf % lf,% lf % 0.1lf\nexit\n",
                x1,y1,x2,y2,x3,y3,CutStageW2);
        fprintf(f,"dimtad 1\n");
        j = j+1;
    }

    //二级边坡
    if(lSlopePointNum[i]>j)
    {
        x1 = lSlopePointXY[i][(j- 1)* 2+0];
        y1 = lSlopePointXY[i][(j- 1)* 2+1];

        x2 = lSlopePointXY[i][(j- 1)* 2+2];
        y2 = lSlopePointXY[i][(j- 1)* 2+3];
        x = dtx+CrossScale* (0.5* (x1+x2)- x0);
        y = dty+CrossScale* (0.5* (y1+y2)- y0);

        ang = PI- atan(1.0/CutSlope2);
        x = x+5.0* cos(ang+0.5* PI);
        y = y+5.0* sin(ang+0.5* PI);
        ang = 180.0+ang* 180.0/PI;
        fprintf(f,"text j bc % lf,% lf % lf % lf 1：% 0.2lf\n",x,y,3.0,ang,CutSlope2);

        sprintf(str,"% 0.3lf",lSlopePointXY[i][j* 2+1]);
        len = (int)strlen(str);
        x = dtx+CrossScale* (lSlopePointXY[i][j* 2+0]- x0);
        y = dty+CrossScale* (lSlopePointXY[i][j* 2+1]- y0);
        DrawTriangle(f,x,y,len* 3.0* 0.67);
        x = x+len* 3.0* 0.67;
        y = y+3.0;
        fprintf(f,"text j br % lf,% lf % lf % lf % s\n",x,y,3.0,0.0,str);
    }

}
```

```
//标右侧边坡坡比
if(rCrossKind[i] = = - 1)//路堤
{
    j = 1;
    if(rSlopePointNum[i]>j)
    {
        x1 = rSlopePointXY[i][(j- 1)* 2+0];
        y1 = rSlopePointXY[i][(j- 1)* 2+1];

        x2 = rSlopePointXY[i][(j- 1)* 2+2];
        y2 = rSlopePointXY[i][(j- 1)* 2+3];

        x = dtx+CrossScale* (0.5* (x1+x2)- x0);
        y = dty+CrossScale* (0.5* (y1+y2)- y0);
        ang = PI- atan(1.0/FillSlope1);
        x = x+4.0* cos(ang- 0.5* PI);
        y = y+4.0* sin(ang- 0.5* PI);
        ang = ang* 180.0/PI- 180;
        fprintf(f,"text j tc % lf,% lf % lf % lf 1: % 0.2lf \n",x,y,3.0,ang,FillSlope1);

        sprintf(str,"% 0.3lf",rSlopePointXY[i][j* 2+1]);
        len = (int)strlen(str);
        x = dtx+CrossScale* (rSlopePointXY[i][j* 2+0]- x0);
        y = dty+CrossScale* (rSlopePointXY[i][j* 2+1]- y0);
        DrawTriangle(f,x,y,len* 3.0* 0.67);
        x = x+len* 3.0* 0.67;
        y = y+3.0;
        fprintf(f,"text j br % lf,% lf % lf % lf % s \n",x,y,3.0,0.0,str);
        j = j+1;
    }

    if(FillStageW>0.1&&rSlopePointNum[i]>j)
    {
        //平台
        x1 = dtx+CrossScale* (rSlopePointXY[i][(j- 1)* 2+0]- x0);
        y1 = dty+CrossScale* (rSlopePointXY[i][(j- 1)* 2+1]- y0)- 1.0;

        x2 = dtx+CrossScale* (rSlopePointXY[i][(j- 1)* 2+2]- x0);
```

```
        y2 = y1;

        x3 = 0.5* (x1+x2);
        y3 = y2- dimexe;

        fprintf(f,"dimtad 4 \n");
        fprintf(f,"dim align % lf,% lf % lf,% lf % lf,% lf % 0.1lf \nexit \n",
                x2,y2,x1,y1,x3,y3,FillStageW);
        fprintf(f,"dimtad 1 \n");
        j = j+1;
    }

    if(rSlopePointNum[i]>j)
    {
        //二级边坡
        x1 = rSlopePointXY[i][(j- 1)* 2+0];
        y1 = rSlopePointXY[i][(j- 1)* 2+1];

        x2 = rSlopePointXY[i][(j- 1)* 2+2];
        y2 = rSlopePointXY[i][(j- 1)* 2+3];

        x = dtx+CrossScale* (0.5* (x1+x2)- x0);
        y = dty+CrossScale* (0.5* (y1+y2)- y0);

        ang = PI- atan(1.0/FillSlope2);
        x = x+4.0* cos(ang- 0.5* PI);
        y = y+4.0* sin(ang- 0.5* PI);
        ang = ang* 180.0/PI- 180;
        fprintf(f,"text j tc % lf,% lf % lf % lf 1: % 0.2lf \n",x,y,3.0,ang,FillSlope2);

        sprintf(str,"% 0.3lf",rSlopePointXY[i][j* 2+1]);
        len = (int)strlen(str);
        x = dtx+CrossScale* (rSlopePointXY[i][j* 2+0]- x0);
        y = dty+CrossScale* (rSlopePointXY[i][j* 2+1]- y0);
        DrawTriangle(f,x,y,len* 3.0* 0.67);
        x = x+len* 3.0* 0.67;
        y = y+3.0;
        fprintf(f,"text j br % lf,% lf % lf % lf % s \n",x,y,3.0,0.0,str);
```

```
            j=j+1;
        }
    }
else if(rCrossKind[i]= =1)//路堑
    {
        j=1;
        if(CutStageW1>0.1&&rSlopePointNum[i]>j)
        {
            //水沟平台
            x1=dtx+CrossScale* (rSlopePointXY[i][(j-1)* 2+0]-x0);
            y1=dty+CrossScale* (rSlopePointXY[i][(j-1)* 2+1]-y0)-1.0;

            x2=dtx+CrossScale* (rSlopePointXY[i][(j-1)* 2+2]-x0);
            y2=y1;

            x3=0.5* (x1+x2);
            y3=y2-dimexe;

            fprintf(f,"dimtad 4\n");
            fprintf(f,"dim align % lf,% lf % lf,% lf % lf,% lf % 0.1lf\nexit \n",
                x1,y1,x2,y2,x3,y3,CutStageW1);    //标水沟平台的宽度
            fprintf(f,"dimtad 1\n");
            j=j+1;
        }
        if(rSlopePointNum[i]>j)
        {
            //一级边坡
            x1=rSlopePointXY[i][(j-1)* 2+0];
            y1=rSlopePointXY[i][(j-1)* 2+1];

            x2=rSlopePointXY[i][(j-1)* 2+2];
            y2=rSlopePointXY[i][(j-1)* 2+3];

            x=dtx+CrossScale* (0.5* (x1+x2)-x0);
            y=dty+CrossScale* (0.5* (y1+y2)-y0);

            ang=atan(1.0/CutSlope1);
            x=x+5.0* cos(ang-0.5* PI);
```

```
            y = y+5.0* sin(ang- 0.5* PI);
            ang = ang* 180.0/PI;
            fprintf(f,"text j bc % lf,% lf % lf % lf 1: % 0.2lf\n",x,y,3.0,ang,CutSlope1);

            sprintf(str,"% 0.3lf",rSlopePointXY[i][j* 2+1]);
            len = (int)strlen(str);
            x = dtx+CrossScale* (rSlopePointXY[i][j* 2+0]- x0);
            y = dty+CrossScale* (rSlopePointXY[i][j* 2+1]- y0);
            DrawTriangle(f,x,y,- len* 3.0* 0.67);
            x = x- len* 3.0* 0.67;
            y = y+3.0;
            fprintf(f,"text j bl % lf,% lf % lf % lf % s\n",x,y,3.0,0.0,str);
            j = j+1;
        }
        if(CutStageW2>0.1&&rSlopePointNum[i]>j)
        {
            //平台
            x1 = dtx+CrossScale* (rSlopePointXY[i][(j- 1)* 2+0]- x0);
            y1 = dty+CrossScale* (rSlopePointXY[i][(j- 1)* 2+1]- y0)- 1.0;

            x2 = dtx+CrossScale* (rSlopePointXY[i][(j- 1)* 2+2]- x0);
            y2 = y1;

            x3 = 0.5* (x1+x2);
            y3 = y2- dimexe;

            fprintf(f,"dimtad 4\n");
            fprintf(f,"dim align % lf,% lf % lf,% lf % lf,% lf % 0.1lf\nexit\n",
                    x1,y1,x2,y2,x3,y3,CutStageW2); //标一、二级边坡间平台宽度
            fprintf(f,"dimtad 1\n");
            j = j+1;
        }
        if(rSlopePointNum[i]>j)
        {
            //二级边坡
            x1 = rSlopePointXY[i][(j- 1)* 2+0];
            y1 = rSlopePointXY[i][(j- 1)* 2+1];
```

```
x2 = rSlopePointXY[i][(j- 1)* 2+2];
y2 = rSlopePointXY[i][(j- 1)* 2+3];

x = dtx+CrossScale* (0.5* (x1+x2)- x0);
y = dty+CrossScale* (0.5* (y1+y2)- y0);

ang = atan(1.0/CutSlope2);
x = x+5.0* cos(ang- 0.5* PI);
y = y+5.0* sin(ang- 0.5* PI);
ang = ang* 180.0/PI;
fprintf(f,"text j bc % lf,% lf % lf % lf 1：% 0.2lf\n",x,y,3.0,ang,CutSlope2);

sprintf(str,"% 0.3lf",rSlopePointXY[i][j* 2+1]);
len = (int)strlen(str);
x = dtx+CrossScale* (rSlopePointXY[i][j* 2+0]- x0);
y = dty+CrossScale* (rSlopePointXY[i][j* 2+1]- y0);
DrawTriangle(f,x,y,- len* 3.0* 0.67);
x = x- len* 3.0* 0.67;
y = y+3.0;
fprintf(f,"text j bl % lf,% lf % lf % lf % s\n",x,y,3.0,0.0,str);
j= j+1;
      }
}


//标水沟
if(lDrainPointNum[i]>0)
{
    x1 = dtx+CrossScale* (lDrainPointXY[i][1* 2+0]- x0);
    y1 = dty+CrossScale* (lDrainPointXY[i][1* 2+1]- y0)- 2.0;

    x2 = dtx+CrossScale* (lDrainPointXY[i][0* 2+0]- x0);
    y2 = y1;

    x3 = 0.5* (x1+x2);
    y3 = y2- dimexe;
    fprintf(f,"dimtad 2\n");          //将标注文字放在尺寸线远离定义点的一边

    fprintf(f,"dim align % lf,% lf % lf,% lf % lf,% lf % 0.1lf\nexit\n",
```

```
                x1,y1,x2,y2,x3,y3,lDrainPointXY[i][0* 2+0]- lDrainPointXY[i][1* 2+0]);
        x1 = dtx+CrossScale* (lDrainPointXY[i][1* 2+0]- x0);
        y1 = dty+CrossScale* (lDrainPointXY[i][1* 2+1]- y0)- 2.0;

        x2 = dtx+CrossScale* (lDrainPointXY[i][2* 2+0]- x0);
        y2 = y1;

        x3 = 0.5* (x1+x2);
        y3 = y2- dimexe;              //dimexe 指定尺寸线超出尺寸界线的距离
        fprintf(f,"dim align % lf,% lf % lf,% lf % lf,% lf % 0.1lf \nexit \n",
            x1,y1,x2,y2,x3,y3,lDrainPointXY[i][1* 2+0]- lDrainPointXY[i][2* 2+0]);
        fprintf(f,"dimtad 1\n");            //将标注文字放置在尺寸线上方
    }

    if(rDrainPointNum[i]>0)
    {
        x1 = dtx+CrossScale* (rDrainPointXY[i][1* 2+0]- x0);
        y1 = dty+CrossScale* (rDrainPointXY[i][1* 2+1]- y0)- 2.0;

        x2 = dtx+CrossScale* (rDrainPointXY[i][0* 2+0]- x0);
        y2 = y1;

        x3 = 0.5* (x1+x2);
        y3 = y2- dimexe;
        fprintf(f,"dimtad 2\n");
        fprintf(f,"dim align % lf,% lf % lf,% lf % lf,% lf % 0.1lf \nexit \n",
            x1,y1,x2,y2,x3,y3,rDrainPointXY[i][1* 2+0]- rDrainPointXY[i][0* 0+0]);
        x1 = dtx+CrossScale* (rDrainPointXY[i][1* 2+0]- x0);
        y1 = dty+CrossScale* (rDrainPointXY[i][1* 2+1]- y0)- 2.0;
        x2 = dtx+CrossScale* (rDrainPointXY[i][2* 2+0]- x0);
        y2 = y1;

        x3 = 0.5* (x1+x2);
        y3 = y2- dimexe;
        fprintf(f,"dim align % lf,% lf % lf,% lf % lf,% lf % 0.1lf \nexit \n",
            x1,y1,x2,y2,x3,y3,rDrainPointXY[i][2* 2+0]- rDrainPointXY[i][1* 2+0]);
        fprintf(f,"dimtad 1\n");
    }
```

```
//标水沟边坡
if(lDrainPointNum[i]>0)
{
    x1 = dtx+CrossScale* (lDrainPointXY[i][0* 2+0]- x0);
    y1 = dty+CrossScale* (lDrainPointXY[i][0* 2+1]- y0);

    x2 = dtx+CrossScale* (lDrainPointXY[i][1* 2+0]- x0);
    y2 = dty+CrossScale* (lDrainPointXY[i][1* 2+1]- y0);

    x = 0.5* (x1+x2);
    y = 0.5* (y1+y2);
    ang = 0.25* PI;
    x = x+4.0* cos(ang+0.5* PI);
    y = y+4.0* sin(ang+0.5* PI);
    ang = ang* 180.0/PI;
    fprintf(f,"text j tc % lf,% lf % lf % lf 1: 1\n",x,y,3.0,ang);
}


if(rDrainPointNum[i]>0)
{
    x1 = dtx+CrossScale* (rDrainPointXY[i][0* 2+0]- x0);
    y1 = dty+CrossScale* (rDrainPointXY[i][0* 2+1]- y0);

    x2 = dtx+CrossScale* (rDrainPointXY[i][1* 2+0]- x0);
    y2 = dty+CrossScale* (rDrainPointXY[i][1* 2+1]- y0);

    x = 0.5* (x1+x2);
    y = 0.5* (y1+y2);
    ang = - 0.25* PI;
    x = x+4.0* cos(ang+0.5* PI);
    y = y+4.0* sin(ang+0.5* PI);
    ang = ang* 180.0/PI;
    fprintf(f,"text j tc % lf,% lf % lf % lf 1: 1\n",x,y,3.0,ang);
}


//设置中心线线型
fprintf(f,"- linetype s center \n");
fprintf(f,"ltscale 0.1\n");
```

205

```
    //绘中心线
    x1 = dtx+CrossScale* (lFormationPointXY[i][0]- x0);
    y1 = dty+CrossScale* (CrossMaxY[i]- y0)+10.0;
    x2 = x1;
    y2 = dty+CrossScale* (CrossMinY[i]- y0)- 10.0;
    fprintf(f,"pline % lf,% lf % lf,% lf \n",x1,y1,x2,y2);
    //绘中心线完毕

    //设回实线线型
    fprintf(f,"- linetype s continuous \n");
  }
  fclose(f);
}

void DrawTriangle(FILE * f,double x0,double y0,double l)
{
    double x1,y1,x2,y2,h;
    //角度分配为 40+70+70 = 180.0
    h = 3.0;
    x1 = x0+h* tan(20* PI/180.0);
    y1 = y0+h;

    x2 = x0- h* tan(20* PI/180.0);
    y2 = y0+h;

    fprintf(f,"pline ");
    fprintf(f,"% lf,% lf ",x0,y0);
    fprintf(f,"w 0.0 0.0 "); //设置宽度
    fprintf(f,"% lf,% lf ",x1,y1);
    fprintf(f,"% lf,% lf ",x2,y2);
    fprintf(f,"% lf,% lf ",x0,y0);
    fprintf(f,"\n");

    if(l>0.000001)
    {
        x2 = x0+l;
        y2 = y1;
        fprintf(f,"pline ");
```

```
            fprintf(f,"% lf,% lf ",x1,y1);
            fprintf(f,"w 0.0 0.0 "); //设置宽度
            fprintf(f,"% lf,% lf ",x2,y2);
            fprintf(f,"\n");
        }
        else if(l<- 0.000001)
        {
            x1 = x0+l;
            y1 = y2;
            fprintf(f,"pline ");
            fprintf(f,"% lf,% lf ",x1,y1);
            fprintf(f,"w 0.0 0.0 "); //设置宽度
            fprintf(f,"% lf,% lf ",x2,y2);
            fprintf(f,"\n");
        }
    }
    void DrawPline(FILE * f,int PointNum,double * PointXY,double ws,double we)
    {
        int j;
        if(PointNum>1)
        {
            fprintf(f,"pline ");
            fprintf(f,"% lf,% lf ",PointXY[0],PointXY[1]);
            fprintf(f,"w % lf % lf ",ws,we); //设置宽度
            for(j = 1; j<PointNum; j++)
            {
                fprintf(f,"% lf,% lf ",PointXY[j* 2+0],PointXY[j* 2+1]);
            }
            fprintf(f,"\n");
        }
    }
```

5.5　挡土墙设计

在线路设计中，挡土墙的应用是十分广泛的，常在以下情况下设置挡土墙：

①当山区地面横坡过陡时，常在路基下侧边坡设置挡土墙，或在靠山侧设置路堑挡土墙以降低路堑高度，这样可以在减少土石方工程数量的同时，避免由于

破坏天然植被而引起灾害。

②在平原地区，为了节约用地，往往也在路基一侧或两侧设置挡土墙。

③在滨河地段或有建筑物时，修建挡土墙可以收回坡脚，避免冲刷威胁或避开建筑物。

④当高路堤、深路堑土石方大、取弃土困难时，也可设置挡土墙以减小土石方数量。

⑤整治崩坍、滑坡等路基病害。

挡土墙设计，应当根据当地的自然地形、地质及施工经验与技术条件，综合考虑选定设计方案。

1. 挡土墙选型

根据挡土墙在路基横断面上的位置，可分为路肩墙、路堤墙和路堑墙。当墙顶置于路肩时，称为路肩式挡土墙，如图 5-5 所示；若挡土墙支撑路堤边坡，墙顶上尚有一定的填土高度，则称为路堤式挡土墙，如图 5-6 所示；如挡土墙用于稳定路堑边坡，则称为路堑式挡土墙，如图 5-7 所示。

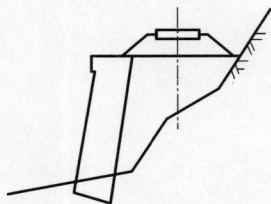

图 5-5 路肩式挡土墙

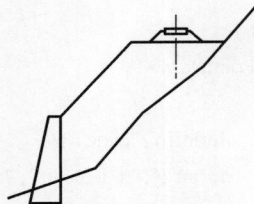

图 5-6 路堤式挡土墙

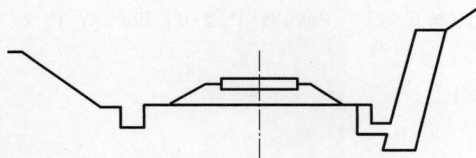

图 5-7 路堑式挡土墙

在高填路堤、陡坡路堤、河岸路堤处常采用路肩墙或路堤墙，这两种墙可防止路基边坡或基底滑动，收缩填土坡脚，减少土石方并能少占农田。在岸边修建的挡土墙还可以避免路基边坡伸入河流、湖泊或水库中，保护路基不受水流冲刷，保证库容或减少河床的压缩量。

在路堑中采用路堑墙，这种挡墙可支撑开挖后不稳定的边坡，减少开挖数量，降低路堑边坡高度。

2. 挡土墙标准图

线路设计中的挡土墙设计一般不进行强度及稳定性检算，而直接采用挡土墙标准图进行设计。设计人员根据常规的路基宽度、线路等级、列车荷载、土壤的物理力学性质等参数预先设计出一套各种类型的标准挡土墙横截面图，标准挡墙的截面尺寸存放在文件或者数据库中供设计使用。由于不同类型挡土墙的构造不同，所以每种挡土墙的参数是不一样的。如图 5-8 所示的路堤挡土墙，进行挡土墙设计需要保存的主要参数包括 b、B、B'、Δb_1、Δh_1、Δb_2、Δh_2、N_1、N_2 等。

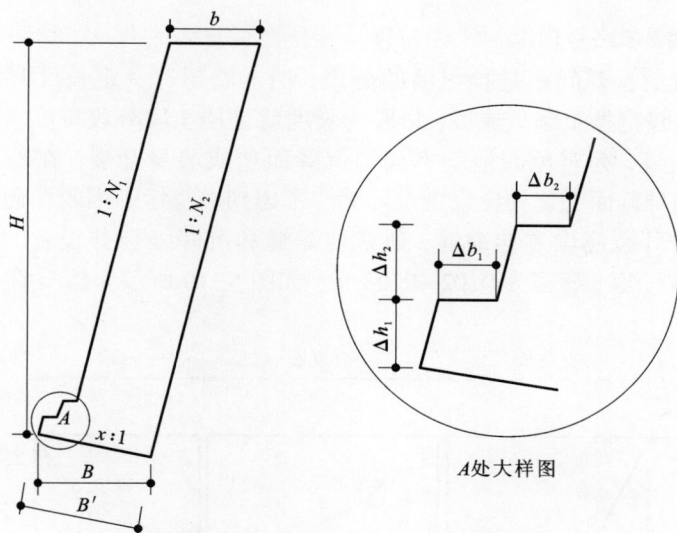

图 5-8　标准重力式路堤挡土墙参数

一旦挡土墙的平面位置确定，工程师就可以根据挡土墙所在位置，确定挡土墙高度，采用挡土墙标准图进行设计，随即投入挡土墙的制图和工程数量计算，这样可减轻设计人员的设计工作量、提高设计质量和速度。

3. 挡土墙布置

挡土墙的布置通常在路基横断面和墙趾纵断面图上进行。因为挡土墙是沿路线走向布置的带状防护构造物，挡土墙设计除了要确定挡土墙的截面，还要将一段挡土墙作为一个整体考虑，在立面上进行分段及基底设计。

　　一般情况下给出某段路基左、右侧限宽及拟设挡土墙类型，左、右侧限宽是指从中线向两侧要求的路基本体限制宽度 w，超过该界限，则在限宽端部自动设置挡土墙，如图 5-9 所示。设计时先计算墙高，再根据挡土墙高度和其他的一些参数(挡土墙类型、基底埋深、填土高度等)及标准挡土墙数据，可获得挡土墙的截面尺寸。

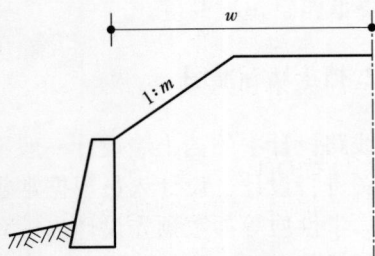

图 5-9　限宽端部设置挡土墙

4. 挡土墙立面布置

1) 挡土墙分段

　　立面布置的首要问题是挡土墙的分段，挡土墙超过一定长度时必须设构造缝，这些构造缝把挡土墙分成段，每段的长度就是挡土墙分段长度。构造缝包括沉降缝和伸缩缝，为避免因地基不均匀沉降而造成墙身开裂，在地质条件变化处、墙高及墙身截面变化处应设置沉降缝。考虑到墙身圬工因收缩硬化和温度变化而造成墙身开裂应设置伸缩缝，通常伸缩缝和沉降缝合并设置，沿墙长每隔 10~25 m 设置一道，缝宽为 0.02~0.03 m。如图 5-10 所示为挡土墙立面图。

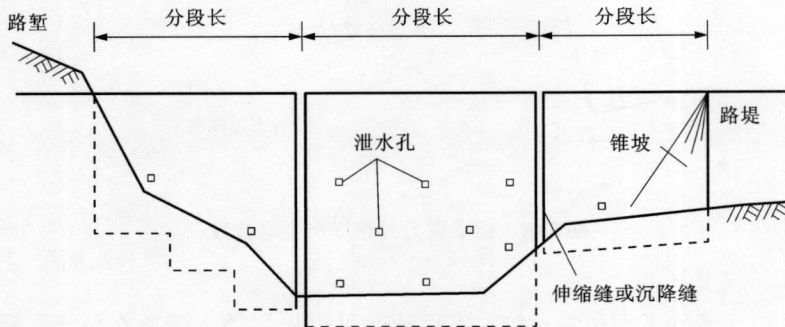

图 5-10　挡土墙立面

2) 挡土墙埋深

　　挡土墙一般采用明挖基础，特殊情况可用换填、桩基础或沉井基础。基础的埋深还应满足下列要求。

　　(1) 土质地基

　　①基础埋置深度不小于 1 m。当有冻结时，应位于冻结深度以下不小于 0.25 m 处，当冻结深度超过 1 m 时，可在冻结线下 0.25 m 内换填渗水土，但埋置

深度不小于 1.25 m。

②受水流冲刷时,基础应埋置在冲刷线以下至少 1 m 处。

③路堑墙基底应在路肩以下不小于 1 m 处,并应低于侧沟砌体底面不小于 0.2 m。

（2）岩石地基

挡土墙基础置于硬质岩地基上时,应清除基岩的表面风化层;置于软质岩石地基上时,埋置深度不小于 1 m。

挡土墙基础置于斜坡地面时,其趾部埋入深度和距地面的水平距离应符合表 5-1 的要求。

表 5-1　墙趾埋入斜坡地面的最小尺寸

地层类型	$h/$m	$L/$m	嵌入示意图
较完整的硬质岩层	0.25	0.25~0.5	
一般硬质岩层	0.6	0.6~1.5	
软质岩层	1.0	1.0~2.0	
土层	≥1.0	1.5~2.5	

5. 设计步骤

挡土墙的设计步骤主要包括:

①根据横断面边坡设计具体情况及设计要求,确定拟设置挡土墙所在边侧及起、讫里程。

②选定合适的挡土墙类型,选择墙后填料,确定填料的物理力学参数和地基参数,调用相应的挡土墙标准图库,套用标准图,确定挡土墙的断面尺寸。

③计算确定墙顶标高和墙址位置。

④获取墙趾处的纵向地面线、墙趾处的地质和水文等资料,进行挡土墙立面设计,完成挡土墙分段,确定基底标高,生成挡土墙立面布置图。

⑤结合起、讫段线路平面数据,生成挡土墙平面布置图。

⑥计算挡土墙工程数量。

综上所述,挡土墙设计要考虑的因素很多,即使采用标准图进行设计也是一件很烦琐的工作,因此按上述方法进行挡土墙自动设计常有不合理的地方,此时应以人机对话的方式对设计进行调整、优化,包括修改挡土墙类型,挡土墙位置、埋深、分段、删除或增设挡土墙等。

第 6 章
数字景观模型

6.1　三维模型的表示方法

6.1.1　概述

科学可视化（visualization in scientific computing）是 20 世纪 80 年代后期提出并发展起来的一门新兴边缘技术。所谓可视化，就是对人脑印象构造过程的一种仿真，以支持用户的判断和理解。具体地说，它将科学计算过程中所产生的数据及计算结果转换成图形或图像信息，供人们进行判断和理解，并可进行交互分析。目前，可视化技术已成为人类分析和驾驭信息的有力工具。

土建工程设计是拟定一座工程结构物的造型，确定其尺寸大小和位置，以及它与周围环境的协调等，从这个意义上说，所有的设计都是三维设计，但由于三维图形制作的复杂和困难，工程师们一般都用三个二维的图形（俯视图、立面图和侧面图）来表达一个三维空间的实体，这种三视图的表达方式准确可靠，为工程界普遍采用，被称为工程师的语言。其不足之处在于：

①所设计的建筑物这一三维实体是不可视的，人们要经过专门训练才能凭三视图去想象三维实体的造型。

②三视图是同一实体在三个不同侧面的反映，它们是互相关联的；但由于被人为地分成三个侧面来设计，所以容易产生疏漏、矛盾和错误，而且这些问题还不易查觉。

随着计算机 CAD 技术三维功能的日益完善，开展三维可视化设计已步入实用阶段，成为传统三视图设计的一项有力补充，已在建筑工程，尤其在房建工程方面得到了普遍应用。在道路设计方面，目前较为成熟的是线路全景透视图。公路部门为了审查公路建成后的视觉观感效果和公路平面线形、立面线形的协调配合，规定绘制公路建成后的全景透视图是必备的设计文件，全景透视图模拟照相机镜头的功能，显示的图像具有照片的立体观感，但它实质上是一幅平面透视图像，其基本元素是线段，还不是真正的三维可视化设计。开展线路的三维可视化研究，构建三维数字景观模型，在此基础上生成逼真的三维渲染图用于评价和修改设计方案，可提高线路设计速度及质量，并减轻设计人员工作量，具有重要的理论意义及实用价值。

铁路线路三维图形的制作大致可分为两个步骤：首先建立地形模型，并根据设计数据建立设计线的三维模型；然后将这两个模型拼合在一起形成铁路线路的整体三维模型。其中地形的描述手段有三角网数字地面模型和数字高程模型及实景相片等，设计线的三维模型需由多个面或体复合而成。

6.1.2 三维模型的表示方法

形体在计算机中常用线框、表面和实体三种表示模型。

1. 线框模型

线框模型(wireframe)是在计算机图形学和 CAD/CAM 领域中最早用来表示形体的模型，并且至今仍在广泛应用。线框模型用顶点、直线和曲线来表示形体，如图 6-1 所示的长方体，仅采用其 8 个顶点的坐标及 12 条棱边即可将长方体表示出来。

线框模型的优点是结构简单、易于理解；其缺点是曲面的轮廓线将随视线方向的变化而

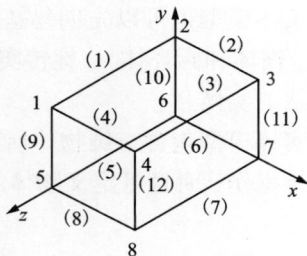

图 6-1 线框模型

改变，且线框模型给出的不是连续的几何信息，没有构成面的信息，不能明确地定义给定的点与形体之间的关系(点在形体内部、外部或表面上)，由于信息表达不完整，在许多情况下，会对物体形状的判断产生多义性，以至于不能用线框模型处理计算机图形学和 CAD/CAM 中的多数问题，如剖面切图、消隐图、明暗色彩图、物性分析、干涉检测、加工处理等。

2. 表面模型

表面(surface)模型是用有向棱边围成的部分来定义形体表面，由面的集合来

定义形体。表面模型是在线框模型的基础上增加有
关面边(环边)信息以及表面特征、棱边的连接方向
等内容,如图6-2所示,从而可以满足面面求交,线
面消隐、明暗色彩图、数控加工等应用性的问题需
要。但在此模型中,形体究竟存在于表面的哪一侧,
没有给出明确的定义,因而在物性计算、有限元分析
等应用中,表面模型在形体上的表示仍然缺乏完整
性。在构建表面模型的建模过程中,某些中间环节

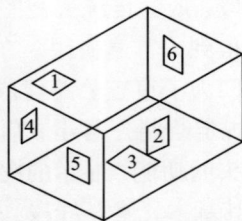

图6-2　表面模型

也会使用线框模型,如创建构件的边界轮廓、拉伸路径、旋转轴、对称轴等。

曲面模型一般使用多边形网格来描述形体表面,所以网格只能近似于曲面。
常用曲面模型有三维多边形网格、自由形式多边形网格、多面(多边)网格、直纹
曲面、平移曲面、旋转曲面、边界曲面及三维面等。

3. 实体模型

实体(solid)模型主要是明确定义了表面的哪一侧存在实体,在表面模型的基
础上可以用三种方法来定义。

(1)在定义表面的同时,给出实体存在侧的一点,如图6-3(a)所示。

(2)直接用表面的外法矢来指明实体存在的一侧,如图6-3(b)所示。

(3)用有向棱边隐含地表示表面的外法矢方向,如图6-3(c)所示。

实体模型也可以先创建基本实体,包括实体体素(长方体、圆锥体、圆柱体、
球体、楔体和圆环体)、旋转实体和拉伸实体,然后通过实体间的布尔运算得到所
需形状的实体。

实体模型包含三维物体所有的顶点、边、面、体信息,不仅可对其顶点、边、
面进行操作,而且可定义物体的物理及材料性质,计算体积、重心等质量特性。

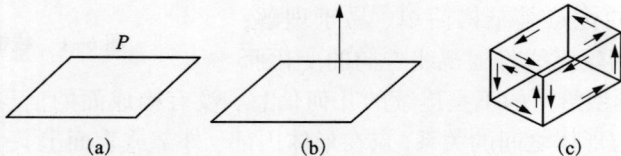

图6-3　实体模型

4. 三种表示模型的功能比较

在几何造型中,采用线框、表面和实体模型的功能利弊如表6-1所示。

表 6-1　三种实体模型的功能利弊

模型表示		应用范围	局限性
线框	二维线框	画二维线框图	无观察参数的变化，不可能产生有实际意义的形体
	三维线框	画二、三维线框图	不能表示实体，图形有二义性
表面模型		艺术图形及形体表面的显示	不能表示实体
实体模型		物性计算及用集合运算构造形体	抽象形体的层次较低

由上表可以看出，三维实体模型所携带的信息量最大，但由于体绘制算法的运算量太大，当视点改变时，图像必须进行重新计算，即便是采用特殊的多 CPU 并行结构计算机，仍然无法满足实际应用中交互操作的需要。目前，体绘制技术并不完善，尤其是处理不规则体数据时存在的问题还有待进一步研究。目前，三维可视化引擎与硬件加速技术主要支持面绘制，因此，表面模型绘制仍然是目前的主流算法，尤其在能够有效地表征三维复杂物体结构的模型提出之前，表面模型绘制更加适合于仿真、交互操作等实际应用。

综上所述，采用表面模型来表达铁路线路的三维整体设计模型是比较合适的。

6.1.3　图形环境

无论用何种方法来构建线路的三维模型，最终都要将三维模型在图形环境中绘制出来，目前可供选择的图形环境主要有 AutoCAD、MicroStation 等，它们都具有较强的三维建模功能，但它们都是商业化软件，价格较高且无法获取版权。如要开发具有自主版权的图形环境，目前一般均基于 OpenGL（open graphics library）来进行开发，OpenGL 是国际上公认的 3D 图形工业标准，在 UNIX 与 PC 平台上得到了广泛的应用。OpenGL 提供了数百个库函数，可方便地绘制具有真实感的 3D 图形，它是目前最主要的二、三维交互式图形应用程序开发环境，已成为业界最受推荐的图形应用编程接口。

OpenGL 可以在网络上工作，属于客户机/服务器型；与硬件无关；拥有丰富的函数；操作简单易行。

OpenGL 的基本造型元素是顶点（vertex），可以是二维和三维的点，用户就是将这些点用合适的算法进行建模，剩余的一系列变换和处理工作基本都可以由 OpenGL 处理。但开发交互式的 3D 图形应用软件，图形绘制只是一部分，更多的工作集中在场景数据结构、图形对象、三维交互算法和图形用户界面的设计上。

由于 OpenGL 与窗口系统无关，不提供任何交互手段，必须由程序员自己编写所有的交互功能，并且 OpenGL 的编程接口是低级的 C 函数，不提供可复用（reuse）的对象库或者应用程序框架，因此开发工作量巨大，效率不高。

目前，国内推出的路线 CAD 软件中，大多数是以国际上流行的图形支撑软件 AutoCAD 为图形环境，也有的以自己开发的图形支撑系统为平台进行设计，出成果图时再进入 AutoCAD 环境中。在国际上，AutoCAD 已成为事实上的图形格式标准。它的开放式系统越来越受到广大用户和二次开发人员的欢迎，目前基于 AutoCAD 之上的应用软件在国际上已居其他同类图形软件之首。

6.2 地形和线路整体三维模型的建立

6.2.1 实体模型构建

1. 地面三维模型

地形是最难表达的复杂形体之一，实践表明，采用单一的数学模型很难准确描述大范围的地形变化，因此应采用分治策略，将地面分成若干微小区域进行表达，通常采用网格对其进行描述，网格由若干三角形面片或四边形面片组成，对应地面三维模型可基于 TIN 或规则 DEM 数据构建。

2. 线路三维模型

线路三维模型的建立主要包括路基、桥梁及隧道地段三维模型的建立。

在建立路基三维时，首先应确定线路的中心线，它是三维的空间曲线，是平面线形和纵断面线形的叠加，其在平面上的投影是直、缓和圆。为此，应先进行平面和纵断面设计来确定线路中心线，然后，自动按一定的间隔和对用户指定的横断面，中心填挖高为 0 的横断面，桥梁起、终点横断面及隧道进、出口横断面进行横断面设计。由于桥梁、隧道的存在，一条线路一般包含多个路基段落，需分别对每一段落进行建模。首先根据横断面设计提供的信息，找出每一段路基所夹的横断面，将这些横断面上点的坐标转换成三维大地坐标；然后再将相邻横断面上的点按一定的规则相连，形成若干个三角形面处或四边形面片，就得到了该路基地段的三维模型，如图 6-4 所示。

构建桥梁模型时，需先将桥梁拆分成最小的构件，分别进行建模，再根据它们的相互关联特征，将桥梁所有部件组装，形成桥梁模型。

在建立桥梁梁身的三维模型时，对于混凝土桥而言，可依次找出具有代表性的横断面，将这些横断面逐个相连，即可得到梁身的三维模型。至于钢桥，由于它是由钢板和型钢通过一定的方式连接而成的，所以构建三维模型的实质就是要建立钢板和型钢的三维模型，这时只要计算出梁身上每一块钢板或型钢的空间位置，即可建立出梁身的三维模型。

在建立桥梁墩、台的三维模型时，可首先利用线路纵断面、桥墩、桥台的位置和数字地面模型计算出桥梁墩、台的高度，然后根据台的形状及墩的断面，比照上述方法即可构造出墩台的三维模型。

对于桥梁来说，还必须构造桥头路基锥体的三维模型，它在平面上的投影为一椭圆，顺桥方向的轴长即为桥台的高度(顺桥向边坡为 1：1)，

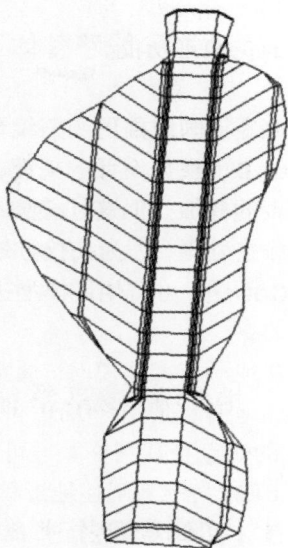

图 6-4　路基三维模型

横桥向的轴长即为桥尾填方的宽度，锥体高为桥台高，依此即可构造出桥头锥体的三维模型。

在建立隧道洞身的三维模型时，应首先确定洞身的断面及每座隧道的起、止里程，洞身的三维模型可由隧道洞身断面沿线路中心线拉伸而成。

对于隧道来说，还必须构造洞门仰坡的三维模型，其具体作法是顺线路纵向沿线路中线及路基边缘"戴帽子"，得到仰坡上缘的三点，如图 6-5 所示的 B、C、D 三点，再沿隧道左、右侧边坡面与仰坡面的交线 AF 和 EG "戴帽子"，得到仰坡与边坡上缘的交点 A、E 两点，连接 A、B、C、D、E 五点即得隧道仰坡的边缘线。

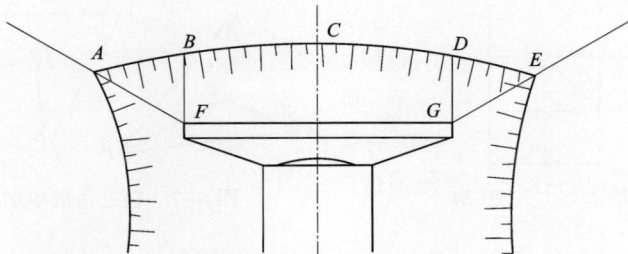

图 6-5　隧道仰坡三维模型

6.2.2　地形和线路整体三维模型的建立

　　将地形和线路两个三维模型进行拼合建立地形和线路的整体三维模型是进行线路三维可视化设计的关键，建立整体三维模型实质上是线路三维模型和地形三维模型的叠加。但这种叠加不是简单地将两个模型重叠在一起，不能用通常的消隐办法去处理，因为在挖方地段地形覆盖了路基，无法显示路基的形状。为了解决这个问题，可对地形模型进行剪裁，以达到用路基三维模型覆盖地形三维模型的目的。

　　在地形三维建模时，通常采用数字高程模型（DEM）或数字地面模型（DTM）来描述地形。其中，DEM 可根据 DTM 或离散点数字地面模型内插生成。使用 DEM 的优点是其网格宽度可由用户根据所需精度及显示速度要求随意调节。下面以 DEM 为例来阐述地形剪裁算法。

　　在对地形模型进行剪裁时，先利用 DEM 数据生成一个规则三角网，找出路基的边缘线所围成的多边形，将多边形的边依次加入到既有三角网中；然后在三角网中删除位于多边形内的面，从而达到使线路覆盖地形的目的。显然，本方法也可用于线路与使用三角网描述的地形拼合。

　　在将边加入到数字高程模型中时，采用如下的算法进行。设要加入的直线段为 AB，首先找出该直线与数字高程模型中各边的交点，即求出交点 C（图 6-6）。然后在线段 AB 所穿过的格中生成规则的三角网，并将这些交点及线段的两个端点加入到规则的三角网中。其方法是先找出要加入点 P 所在的三角形 RST（图 6-7），如点 P 落在 RST 中，则将 P 点与三角形 R、S、T 三点相连即可；而当点 P 落在 RST 中的某一边上时（设该边为 RS），再找出与 RS 相邻的三角形 RSW，连接 PT、PW 即可。

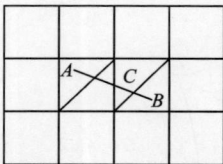

图 6-6　路基边界加入 DEM

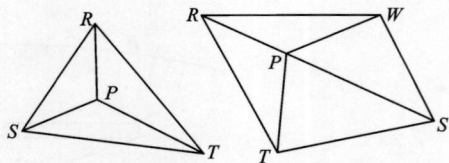

图 6-7　在三角形中加入点

　　在按上述方法将路基的边缘线所围成的多边形加入到三角网后，即可删除多边形中所包含的三角形。在判断一个三角形是否落在某一个多边形中时，只要判断该三角形的重心是否落在该多边形中即可。

由上述算法可知，一旦将多边形加入到规则三角网中后，规则三角网又将变成不规则的三角网，因此如何对三角网进行管理将是一个重要的问题。对此我们采用了分治算法，首先将路基的边缘线所围成的区域离散到 DEM 的每一个小方格中，然后在每一个小方格中按上述方法修改地形三维模型。

将路基的边缘线所围成的区域离散到 DEM 的每一个小方格中时，其实质是要找出落在每一个小方格中区域的边界。这个过程可分为两步：第一步是利用 DEM 中格网的垂直线将地面划分为若干列，并将路基的边缘线所围成的区域离散到列中；第二步是利用 DEM 中的水平线将每一列又划分为若干格，再将列中所含边界离散到格中。

显然，上述将路基边界加入到 DEM 中的算法同样适合将地性线加入到 DEM 中，通过在 DEM 中引入地性线可以更加逼真地描述地形。

对 DTM 进行地形裁剪的算法与上述算法基本类似。如图 6-8 所示，将路基边缘线 AB 插入到不规则的三角网中时，首先在 DTM 中找出一个与 AB 相交的诸三角形所围成的多边形 ACDEBFGH，并删除这些与 AB 相交的三角形。然后以 AB 为分界线，将多边形 ACDEBFGH 分成两个多边形，再对新生成的每一个多边形分别构建三角网，在按这种办法将路基的边缘线所围成的多边形加入到三角网后，即可删除多边形中所包含的三角形，最后叠加上线路三维模型即构成了地形与线路的整体三维模型。

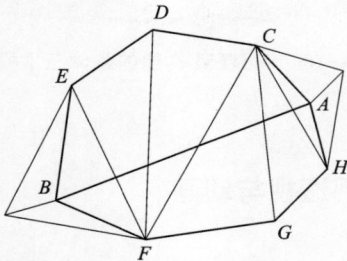

图 6-8　将路基边缘线插入 DTM

如图 6-9 所示为按 DEM 构建的整体三维模型，如图 6-10 所示为按 DTM 构建的整体三维模型。

至此，形成了一整套建立地形与线路整体三维模型的算法。利用该算法建立的线路及地形三维整体模型对用户是开放的，如有必要，用户还可以对它做进一步的加工处理。

以上所述虽然是针对铁路的，但对公路而言，只是其横断面与铁路有所差异，因此只要将横断面自动设计程序稍作变动，即可应用于公路。

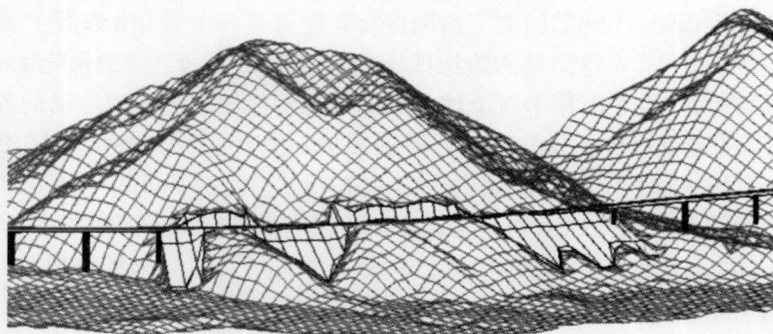

图 6-9　按 DEM 构建的整体三维模型

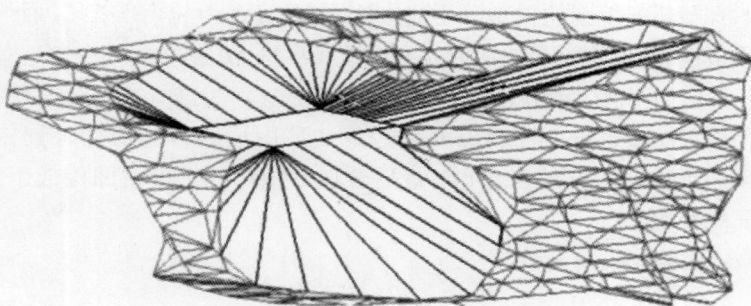

图 6-10　按 DTM 构建的整体三维模型

6.2.3　线路的三维景观透视与动画

按上述算法建立了铁路线路三维整体设计模型后，即可将这个模型在所选定的图形环境(如 AutoCAD)中绘出。

在图形环境中用户可以选择不同的视点来观察三维图像，产生鸟瞰图；也可以使用照相机功能来得到透视图，从而实现三维景观透视。此外，用户还可将图形用. DXF 或. 3DS 输出。在专业渲染软件(如 3DMAX、MAYA)中选择灯光、材料、摄像机路径及视角，然后逐帧渲染，渲染后的图片以每秒一定幅数播放，实现漫游。

在绘制三维模型时，由于铁路线路上的建筑物种类众多，且每一个建筑物又是由多个面或体构成的，所以在绘制这些构造物时宜分层绘制，即将构造物上那些材料相同的面绘制在同一层上，这样可以便于管理，且在输出三维模型时，系统可以将一层上所有的面转换成一个物体，这样在给物体上材质时就会非常方便。此外，在绘制地形模型时，由于地形是由数量众多的面(由数万个到数百万个不等)构成的，在绘制地形时也必须控制一层上面的数目，以免系统无法承担。

这种三维设计模型图像的方法已为多条铁路干线制成了形象生动的各种不同视角的三维多媒体动画，预先展示了线路建成后的情况，取得了良好的三维效果。这一软件系统已通过铁道部鉴定，并在实际生产中得到推广应用。

如图 6-11 所示为西安—南京线制成的动画中的四帧图像。

线路三维可视化设计软件系统能为线路设计人员提供形象化的视觉手段，用来评价和修改设计方案，为线路设计方案的审查和招投标评估提供了极大的方便。随着计算机软、硬件技术及线路 CAD 系统的发展，三维模型在铁路和公路线路设计中的应用价值将日益显示。

(a)路基地段　　　　　　　　　　　　　　(b)挡墙地段

(c)隧道洞口　　　　　　　　　　　　　　(d)车站地段

图 6-11　西安—南京线三维动画中的四帧渲染图

参考文献

[1] 谭浩强.C 程序设计[M].北京：清华大学出版社，1991.

[2] 张耀波.内点判别法的一种新算法[J].测绘信息与工程，1998(4)：17-19.

[3] F.P.普雷帕拉塔.M.I.沙莫斯.计算几何导论[M].庄心谷，译.北京：科学出版社，1990.

[4] 周培德.确定任意多边形凸凹顶点的算法[J].软件学报，1995，6(5)：276-279.

[5] 王午生.铁道线路工程[M].上海：上海科学技术出版社，1999.

[6] 武晓波，王世新，肖春生.Delaunay 三角网的生成算法研究[J].测绘学报，1999，28(1)：28-35.

[7] 张三元，马利庄.平面散乱点集凸包并行算法[J].浙江大学学报(工学版)，1999，33(4)：431-435.

[8] 郝瀛.铁道工程[M].北京：中国铁道出版社，2000.

[9] 彭李，刘少华，卢学军.一种基于动态正方形的 TIN 构建算法[J].测绘信息与工程，2006，31(6)：40-41.

[10] 薛嘉庆.最优化原理与方法(修订版)[M].北京：冶金工业出版社，2003.

[11] 杨宏志，贾兴利.道路工程 CAD[M].2 版.北京：人民交通出版社，2017.